中华传统美德丛书

主 编 宋林飞 副主编 周顺生

勤俭卷

杨明辉 编著

南京大学出版社

中国近代文学丛书

王飈 关爱和 袁进 阿荫柏

莲子金卷

颜廷亮 主编

南京大学出版社

编 委 会

顾　问：向守志　韩培信　沈达人　陈焕友
　　　　许仲林　兰保景　杨新力　陈宝田
　　　　张耀华　沙人麟　陆　军
编　委（按姓氏笔画为序）：
　　　　石尚群　刘　钰　杨　休　吴　镕
　　　　宋林飞　张传豪　张德华　张颢瀚
　　　　邵　军　陈根兴　罗有康　周顺生
　　　　黄玉生　董　健　缪国亮
主　编：宋林飞
副主编：周顺生

总　序

梁保华

胡锦涛总书记在党的十七大报告中指出,中华文化是中华民族生生不息、团结奋进的不竭动力,要弘扬中华文化,建设中华民族共有精神家园。《中华传统美德丛书》(十卷本)的编纂出版,正是江苏学界弘扬祖国优秀传统文化、推动建设共有精神家园的有益尝试。

伦理道德是传统文化的重要组成部分。中华民族传统伦理道德的内容十分丰富,其中那些体现民族智慧、反映人民利益、符合进步潮流的部分,在历史进程中不断积淀、升华,成为中华民族的传统美德。中华传统美德是中华文化最富生命力的精神内核,是中国人世世代代生存、发展的基本准则,也是中华民族自立于世界民族之林的宝贵思想支撑。

当今中国已进入改革发展的新时期新阶段,文化的"软实力"价值日益凸显。大力弘扬中华传统美德,建设社会主义核心价值体系,促进社会主义文化大发展、大繁荣,是建设全面小康社会的重要任务,是实现中华民族伟大复兴的必然要求。我们要不断发掘和认知中华传统美德的意义和价值,并不断赋予其新的时代内涵,以此给人们以思想启迪、精神鼓舞,推动科学发展,建设和谐社会。

2008年7月

目 录

总序 1

上篇 概 论 1

一、勤俭美德的形成与含义 4
  1. 勤俭观念的形成 4
  2. 勤俭思想的演进 15
  3. 勤俭美德的含义 26

二、中国古代的勤俭文化 31
  1. 立身之根基 31
  2. 持家之要诀 38
  3. 治国之法宝 45

三、勤俭美德的当代价值 53
  1. 勤俭与公民道德建设 53
  2. 勤俭与勤政廉政建设 60
  3. 勤俭与建设节约型社会 67

中篇 故事 ... 73

一、先秦故事 ... 75
大禹克勤于邦 ... 75
季文子以俭为荣 ... 77
晏婴重俭力行 ... 77
范蠡勤俭致富 ... 79
孔子读《易》韦编三绝 ... 81
颜回安贫乐道 ... 81
原宪甘于清贫 ... 82
列御寇守贫保身 ... 83
屈原洞中苦读 ... 84

二、秦汉故事 ... 86
汉文帝躬行俭德 ... 86
董仲舒三年不窥园 ... 87
黄霸狱中学《尚书》 ... 89
匡衡凿壁取光 ... 90
一月得四十五日 ... 91
刘秀勤政节俭 ... 91
郑玄潜心钻研经学 ... 92
张芝临池学书 ... 96
张仲景勤求古训 ... 98

三、三国两晋南北朝故事 ... 100
曹操雅性节俭 ... 100
诸葛亮教子以俭养德 ... 102

目 录

毛玠清廉持身 … 103
邴原泣学 … 104
董遇利用"三余"读书 … 105
胡质父清子廉 … 106
吴隐之卖狗嫁女 … 107
祖逖闻鸡起舞 … 108
车胤囊萤照读 … 109
王羲之勤学苦练 … 111
左思发愤创作《三都赋》 … 113
王恭身无长物 … 114
殷仲堪不改旧志 … 115
陶侃珍惜一草一木 … 115
孙康映雪夜读 … 116
刘裕自奉俭约 … 117
江泌映月夜读 … 118
智永与"退笔冢" … 119
虞玩之无力买屐 … 120
顾欢燃糠夜读 … 120
庾杲之清贫自业 … 121
王罴痛恨浪费 … 121

四、隋唐故事 … 122

隋文帝勤政节俭 … 122
辛公义勤政爱民 … 123
李密牛角挂书 … 125
唐太宗戒奢从俭 … 126

魏征清正俭朴 ... 127
卢怀慎廉洁奉公 ... 129
杨绾刮节俭之风 ... 130
贾岛推敲炼字 ... 131
李贺呕心沥血 ... 132
郑余庆蒸葫芦 ... 133

五、宋元故事 ... 133
赵匡胤克己求治 ... 133
开卷有益 ... 134
范仲淹啖粥苦读 ... 135
王安石不事奢华 ... 136
张知白清俭如寒士 ... 138
司马光俭朴传家 ... 139
苏东坡节俭成习 ... 140
张俭旧袍三十年 ... 142
陆游筑书巢 ... 143
张九成勤学踏脚印 ... 143
陶宗仪积叶成书 ... 144

六、明清故事 ... 145
朱元璋尚俭戒奢 ... 145
高明极力苦心作《琵琶记》 ... 146
刘崧勤廉好学 ... 147
王翱清廉刚介 ... 149
徐九思的三字经 ... 150
海瑞俭以养廉 ... 151

目 录

于谦两袖清风 ... 152
鲁铎半条干鱼祝寿 ... 153
张溥七录七焚 ... 153
吴与弼耕田传道 ... 155
胡九韶乐享"清福" ... 156
陈茂烈克己求道 ... 157
罗洪先洁身自好 ... 157
徐霞客壮游神州 ... 158
李时珍跋山涉水著医书 ... 161
顾炎武马背读书 ... 164
于成龙清苦克俭 ... 165
张伯行清白之名闻天下 ... 169
郑板桥刻苦求学 ... 174
曾国藩勤政自律 ... 176

下篇 名 言 ... 181

一、先秦名言 ... 183
二、秦汉名言 ... 188
三、三国两晋南北朝名言 ... 192
四、隋唐五代名言 ... 196
五、宋元名言 ... 202
六、明清名言 ... 214
七、近现代名言 ... 232

后记 ... 235

- 上篇 -

概 论

上篇 概 论

"勤俭是咱们的传家宝,社会主义建设离不了。不管是一寸钢,一粒米,一尺布,一分钱,咱们都要用得巧。好钢用在刀刃上,千日打柴不能一日烧……"这首曾经家喻户晓的歌曲现在已经很少听到了。随着我国综合国力的增强和人民生活水平的大幅提高,人们似乎再也不用为"一分钱"而弯腰,为"一粒米"而节省了。相反,当前社会上超越现实、盲目攀比的畸形消费,斗富摆阔、一掷千金的奢靡消费,过度包装、极度美化的蓄意浪费,以及"长明灯"、"长流水"的随意浪费等现象比比皆是、不胜枚举。勤俭这一传统美德似乎离我们越来越远了。面对汹涌而至的消费主义浪潮,我们不禁要问:勤俭真的过时了吗?或者说,勤俭对于全面建设小康社会的今天究竟还有什么价值?

应当清醒地看到,虽然我国经济总量扩大了,物质条件比过去改善了,但我国还是发展中国家,仍处于并将长期处于社会主义初级阶段。我国人口多,底子薄,人均资源少,生产力不发达,发展不平衡。据统计,我国人均水资源拥有量不到世界平均水平的四分之一,耕地不到二分之一,森林不到七分之一,大多数矿产资源的人均拥有量不足世界平均水平的一半。加之资源利用效率不高、浪费严重,使经济增长付出了沉重的代价。因此,对于一个要用占世界不到10%的可耕地资源,养活占世界22%人口的大国来说,勤俭,永远不过时。即使我国将来进一步发展了,综合国力更强大了,勤俭节约的好传统仍然不能丢。

还应当清醒地看到,在实行社会主义市场经济的今天,勤俭作为一种上承先贤、下启子孙的风尚同样展示着巨大魅力。勤俭是一种生活方式,也是一种积极向上的精神状态。有了这种精神与作风,人们在物质匮乏、环境艰苦的情况下,能够不畏艰难、锐意进取,去战胜一切困难,实现自己的理想。即便在物质丰富、条件优越的情况下,它也能使人不沉醉于物质享受,不懒惰奢侈,而是保持勤劳俭朴之风,奋发向上、开拓进取,创造更加美好的未来。

历史和现实都表明,一个没有勤俭节约精神作支撑的民族,难以自立自强;一个没有勤俭节约精神作支撑的国家,难以兴旺发达;一个没有勤俭节约精神作支撑的政党,难以发展进步。因此,挖掘、梳理传统勤俭思想,继承和弘扬中华民族这一传统美德,对当代中国的社会主义建设仍然具有十分重要的价值。

一、勤俭美德的形成与含义

勤俭是中华民族最突出、最基本的传统美德。在几千年的历史长河中,勤俭已经发展成为一种民族精神,一种价值取向,一种道德品质,一种人生境界。随着时代和实践的发展,它还在不断地丰富着自身的内涵。

1. 勤俭观念的形成

勤俭持家、勤俭建国、勤俭节约都是人们常说常用的词语和格言,但勤俭作为一种道德规范究竟是如何形成的?这是继承和弘扬勤俭美德首先会遇到的问题。下面试图从物质和精神两个层面来解答这一问题。

(1)从生产方式中寻求勤俭观念形成的物质基础

一个民族的生存环境及其相应的生产方式是孕育该民族精神的外部条件,它们奠定了该民族精神的发展基调,是该民族精神形成的重要渊源之一。中华民族也不例外,正是中华大地这片神奇的土地以及适应这片土地而产生的生产方式铸就了中华民族最初的性格。[1]

在远古时代,茹毛饮血、刀耕火种、采集和狩猎是主要的生产方式,人们的生产力水平极其低下,物品严重短缺,为了维持生存,必须依靠辛勤的劳动,因此,勤劳成为人们生存的第一需要。同时,为了使群体得以繁衍,为了共同抵御其他动物的侵害使群体延续下去,必须对有限的获取物进行均分,人与人之间必然形成了以无条件的节省为基础的消费伦理关系。这种人人都遵循的勤俭原则在远古时代是被迫的,但它能带给人们生存之本,能维持人的绵延和进化,因而就自然成为一种应该传承的美德。传说中黄帝和大禹的勤俭朴素作风一直被后人所称颂,这虽然从根本上说是由社会生产力的极端落后造成的,但就人类处于挑战自然的弱势地位而言,勤俭是一种不可或缺的精神。

人类经过漫长岁月的演化,从蒙昧时代发展到文明时代,生产方式也从采集、狩猎发展到有目的、有计划的耕种。至少从西周开始,农业已经成为国民经济以至整个社会生活的命脉。此后三千年,中国都是"以农立国",农业的发展状况,农业收成的丰歉,对国力的强弱,国运的盛衰以及广大人民的饥饱贫富,都有着至为重大的影响。[2] 以农为本的生产方式对人们的精神层面也产生了深远的影响。

首先,农业生产虽然较之采集、狩猎生产能力有所提高,但从总

---

[1] 宋志明、吴潜涛:《中华民族精神论纲》,中国人民大学出版社,2006年,第41页。

[2] 赵靖:《中华文化通志——经济学志》,上海人民出版社,1998年,第13页。

体上说,生产力水平还是较为低下。据战国李悝和汉代晁错的统计,一个农民的五口之家,一年生产劳动的结果,不仅没有剩余,而且根本满足不了正常的消费需要:"今一夫挟五口,治田百亩,岁收亩一石半,为粟百五十石,除十一之税十五石,余百三十五石。食,人月一石半,五人终岁为粟九十石,余有四十五石。石三十,为钱千三百五十,除社闾尝新、春秋之祠,用钱三百,余千五十。衣,人率用钱三百,五人终岁用千五百,不足四百五十。不幸疾病死丧之费,及上赋敛,又未与此。"(《汉书·食货志》)因此,只有夜以继日,勤奋不惰,非老不休,非疾不息,非死不舍,才有可能丰衣足食。《汉书·食货志》记载了这样一个故事:"冬,民既入;妇人同巷,相从夜绩,女工一月得四十五日。"颜师古注曰:"一月之中,又得夜半为十五日,共四十五日。"可见,古代妇女在耕织结合的农业社会里也夜以继日地劳作不已,以求得温饱、富足。

其次,由于生产力水平的限制,无论如何辛勤的劳动,庄稼的收成总是有限的。因此,要想生存下去,除了勤加劳动以"开源"外,还必须最大限度地节省开支来"节流",以便使有限的获得物养活更多的人。同时,劳动成果的来之不易,也使人们倍加珍惜。"锄禾日当午,汗滴禾下土。谁知盘中餐,粒粒皆辛苦。"唐代李绅的这首《悯农》诗以最朴素的语言和形象表现了农业劳动的艰辛。"睹农人之耕耘,亮稼穑之艰难。"(何晏《景福殿赋》)稼穑的艰难,使人们自觉地珍惜来之不易的劳动成果。日本学者加地伸行也认为"中国作为农业国,农业一年收成一次,一年内农民都必须量入为出,所以重视节俭"。[1]

再次,农业生产受气候等自然条件的影响较大,不稳定因素很

---

〔1〕[日]加地伸行:《儒教是什么》,东京:中央公论社,1990年,第224页。

多,只有勤俭持家才能增强抗御风险的能力。据有关学者统计,仅两汉四百二十五年间,平均每十个月就要发生一次自然灾害,具体情况是:西汉水灾三十二次,旱灾三十八次,震灾七十八次,蝗螟二十次,风灾十九次,霜灾五次,雹灾十次,疫灾十三次,冻灾十三次,合计二百二十八次;东汉水灾六十一次,旱灾六十七次,震灾七十八次,蝗螟四十八次,风灾二十二次,霜灾三次,雹灾二十四次,疫灾二十八次,冻灾七次,合计三百三十八次。[1] 再加上个体农户生产及经营规模的狭小,技术及生产工具的落后,使得家庭经济十分脆弱,抵抗自然灾害的能力极差。如果国泰民安、风调雨顺,广大农民尚能勉强填饱肚皮,维持生存。一旦遭遇天灾人祸,则往往衣不遮体,食不果腹,"老弱转于沟壑,壮者散而之四方"(《孟子·梁惠王下》)。因此,古人十分重视和提倡勤俭持家,强调崇俭抑奢、量入为出,反对挥霍浪费、寅吃卯粮。这对于增强传统家庭抵御风险的能力,维持传统家庭的安定,进而保证社会秩序的稳定都具有重要意义。

(2)从先秦诸子中挖掘勤俭精神的思想源泉

勤俭观念在我们古代产生很早。据《尚书》记载,舜帝对大禹就有"克勤于邦,克俭于家"(《尚书·大禹谟》)的赞语。到公元前16世纪的商代,大臣伊尹曾对刚继位的太甲提出建议:"慎乃俭德,惟怀永图。"(《尚书·太甲上》)要他注意节俭,认为只有俭约节用,才能永久地维持王业。到了西周,周公总结"小邦周"灭商的经验教训时,特别提到周文王的"勤"。他对麾下诸侯和贵族们说:"尔惟旧人。尔丕克远省,尔知宁王若勤哉?……予不敢不极卒宁王图事。"(《尚书·大

---

[1] 转引自刘士林:《谁知盘中餐——中国农业文明的往事与随想》,济南出版社,2003年,第47页。

诰》)他担心周成王执政后重蹈商纣奢靡败国的覆辙,告诫周成王要杜骄奢,绝淫侈。周公死后,周成王"戒尔卿士……位不期骄,禄不期侈,恭俭唯德"(《尚书·周书·周官》)。

春秋战国时期是德国哲学家雅斯贝尔斯所谓的中国历史上的"轴心时代",他认为:"人类一直靠轴心时代所产生的思考和创造的一切而生存,每一次新的飞跃都回顾这一时期,并被它重新燃起火焰,自那以后,情况就是这样,轴心期潜力的苏醒和对轴心期潜力的回归,或者说复兴,总是提供了精神的动力。"[1]中国的轴心时代,当然也不例外,成为了中国文化的基础,并且不间断地滋养着中国文化的发展。在这个时期,虽然政治上动荡不堪,但在学术上却是黄金时代,各种思想像火山爆发般喷涌出来,涌现出一大批思想巨匠和繁多的学术流派。他们留下了许多关于勤俭的名言警句。这些尚勤戒惰、倡俭抑奢的思想和观点,充满着人生哲理,成为中华民族勤俭精神的营养之源。

儒家:自强不息,俭不违礼

以孔子为代表的儒家以自强不息的精神、"知其不可为而为之"的气概,鼓舞人们不怕困难,积极从事经济生产。例如,孔子在回答主张消极无为的避世隐者时说:"鸟兽不可与同群,吾非斯人之徒与而谁与?天下有道,丘不与易也。"[2]意思是说,人类不能退回山林与鸟兽同居,如果大自然不需改造就符合人类所求,那么人生在世还有什么意义和作为可言呢?他说:"譬如为山,未成一篑,止,吾止也。譬如平地,虽覆一篑,进,吾往也。"孔子这种顽强进取的精神对后世

---

[1] [德]雅斯贝尔斯:《历史的起源和目标》,华夏出版社,1989年,第14页。
[2] 《诸子集成·论语正义·微子》,第一卷,上海书店,1986年,第393页。

产生了深远影响。又如,孟子认为要完成经世济民的大业,"必先苦其心志,劳其筋骨,饿其体肤",要居天下之广居,立天下之正位,行天下之大道。孟子强调农业生产要"不违农时,谷不可胜食也……"(《孟子·梁惠王上》)他劝导农人"深耕易耨"、"易其田畴"(《孟子·尽心上》),以提高农业生产率。再如,荀子主张"制天命而用之"(《荀子·天论》),充分发挥人的创造精神,努力、勤劳、孜孜不倦。"天有其时,地有其财,人有其治,夫是之谓能参。"(同上)"骐骥一跃,不能十步;驽马十驾,功在不舍。锲而舍之,朽木不折;锲而不舍,金石可镂。"(《荀子·劝学》)"春耕夏耘秋冬藏,四者不失时,故五谷不绝而百姓有余食也。"(《荀子·王制》)荀子认为,天时、地利固然是生产劳动的要素,但关键还得依靠人的努力("人有其治"、"锲而不舍"),依靠人去"强本"、"善备"、"修道",依靠人在一年四季里耕、耘、收、藏,辛勤劳作。在这种敬业、刻苦、勤勉精神的照耀下,生产行为本身随之获得了道德意义,它与懒惰、贪婪、好逸恶劳的陋习无缘,而且极大地张扬了人的生存意志与思想价值。

主张节俭是儒家在消费领域的一贯主张。孔子一生尚俭,他不仅把俭与温、良、恭、让一同列为人的基本道德准则,更将其作为一种生活方式,践行于日常生活之中。即使"饭疏食饮水,曲肱而枕之",孔子也能"乐亦在其中矣"。(《论语·述而》)不过孔子主张节俭要依礼而行,"克己复礼","非礼勿视、非礼勿听、非礼勿言、非礼勿动",个人消费不能违礼,否则就是"僭越"。在俭与奢之间,孔子认为俭比奢好。因为"奢则不孙(逊),俭则固。与其不孙也,宁固"(《论语·子路》)。"林放问礼之本。子曰:'大哉问!礼,与其奢也,宁俭;丧,与其易也,宁戚。'"(《论语·八佾》)对于礼之根本这样的大问题,孔子从俭与奢的角度来回答,认为一般的礼,与其奢侈,不如节俭;与其把丧葬仪式办得尽善尽美,不如在心里真诚悲哀。孟子强烈地抨击了那种不顾民生,只顾自身享乐的统治阶层。"庖有肥肉,厩有肥马,民有饥色,野有饿莩,此率兽而食人也,兽相食,且人恶之,为民父母行政,不免于率兽而食人,恶在其为民父母也!"(《孟子·梁惠王上》)明确地把人民的饥饿死亡看成统治者"庖有肥肉,厩有肥马"造成的结果,把统治阶级的奢侈浪费看成是"率兽而食人"的吃人行为。

荀子将节俭看作是和自然进行斗争的一种手段,提出了"节用裕民"的主张。他说:"强本而节用,则天不能贫;……本荒而用侈,则天不能使之富。"(《荀子·天论》)这里的"本"是指农业生产,意思是说,加强农业生产,节俭消费,上天也不能使其贫穷;而不搞生产,又奢侈浪费,上天也不能保证国富民裕。又说:"足国之道,节用裕民,而善臧其余。节用以礼,裕民以政。彼裕民故多余。裕民则民富,……上以法取焉,而下以礼节用之,余若丘山,不时焚烧,无所臧之,夫君子奚患乎无余?故知节用裕民,则必有仁义圣良之名,而且有富厚丘山之积矣。此无它故焉,生于节用裕民也。不知节用裕民则民贫……"(《荀子·富国》)在他看来,节俭消费是富民的重要手段,奢侈浪费则会民贫国亡。荀子的节俭消费思想是针对当时统治阶级的奢靡之风提出来的,具有积极的历史意义。他还认为今日之节俭是未来消费之储备。"今人之生也,方知蓄鸡狗猪彘,又蓄牛羊,然而食不敢有酒肉。余刀布,有囷窌,然而衣不敢有丝帛。约者有筐箧之藏,然而行不敢有舆马。是何也?非不欲也,几不长虑顾后,而恐无以继之故也。"(《荀子·荣辱篇》)这表明荀子主张节俭是从有备无患出发的。

老子:崇俭抑奢,淡泊名利

老子认为人对物质财富的追求和生活享受的渴望,是由人的欲望所驱使的。"咎莫憯于欲得"。有欲即有为,它不符合道的法则。

人之所以有物欲又是受了奢侈品的刺激与不良生活方式的影响。"五色使人目盲,驰骋田猎使人心发狂,难得之货使人行妨,五味使人之口爽,五音使人之耳聋。是以圣人之治也,为腹不为目,故去彼取此。"所有这些都可使人身心迷乱而耽于追求物质享受,因而"罪莫大于可欲"。因此,要抑制人的物欲自然要消除可欲之物。"不贵难得之货,使民不为盗。不见可欲,使民不乱。是以圣人之治也,虚其心,实其腹;弱其志,强其骨,恒使民无知无欲也。使夫知不敢为而已,则无不治矣。"在老子看来,无知、无欲是人顺应自然的体现。"是以圣人欲不欲,不贵难得之货;学不学,复众人之所过。以辅万物之自然,而弗敢为。"

老子反对奢侈的生活方式,他曾说:"朝甚除,田甚芜,仓甚虚,服文采,带利剑,厌食而资财有余,是谓盗夸。盗夸,非道也。"他视奢侈的生活方式为强盗行径;而认为俭能长久,奢则否。"我有三宝,持而宝之,一曰慈,二曰俭,三曰不敢为天下先。慈,故能勇;俭,故能广;不敢为天下先,故能为成器长。今舍慈且勇;舍俭且广;舍后且先,则死矣!"此所谓"物或损之而益,益之而损"。由此,老子主张处俭去奢,"是以圣人去甚、去大、去奢";提倡俭朴反对浮华,"是以大丈夫居其厚而不居其薄,居其实而不居其华,故去彼取此";要求"见素抱朴"。在老子看来,俭朴的生活符合自然法则,也有益于人的身心健康。

在不欲和俭朴的基础上,老子对如何满足消费需求提出了知足准则:"罪莫大于可欲,祸莫大于不知足,咎莫大于欲得。故知足之足,恒足矣。"认为满足人消费的标准不在于物品的多少,而在于内心的知足与否,若欲壑难填,那是莫大的祸患,而知足则体现了道的精神。"葆此道者不欲盈。夫惟不欲盈,是以能敝而不成。"认为道不追求充盈而能不竭,就人的消费而言,知足就能"恒足矣"。人的消费需求是以一定的经济条件为基础的,若不知足,聚敛财富,追求奢侈,其结果只会适得其反。贪欲与奢望使人不能正确对待物我关系,而知足使人不追求财富却不贫乏。"圣人无积,既以为人,己愈有;既以予人,己愈多。天之道,利而不害;人之道,为而弗争。"在他看来,只有知足、不争方可长久。老子所强调的知足是"实其腹",即获取有限的生活必需品,以维持人自身的生存为主要内容的。"小邦寡民,使有十百人之器而勿用,使民重死而远徙。有舟车无所乘之,有甲兵无所陈之,使民复结绳而用之。甘其食,美其服,乐其俗,安其居,邻邦相望,鸡犬之声相闻,民至老死不相往来。"这是老子的理想国,在这近乎原始的封闭的社会里,人们回归自然,虽然清贫简陋,却安居乐业,其乐融融。

墨子:赖力者生,节用节葬

墨家思想曾经在学派林立的先秦时代占据着显赫的地位,与儒家学派分庭抗礼,并称"显学"。墨子站在小生产劳动者的立场,深知劳作的辛苦和物质财富积累的不易,因而崇尚俭约,提倡节用、节葬、非乐,这在当时物质匮乏、广大劳动者经常处于饥寒交迫的时代背景下,具有进步意义。

墨子将劳动视为将人与动物区别开来的标志,认为没有劳动就没有人类的存在。他说:"今人固与禽兽、麋鹿、蜚鸟、贞虫异者也。今之禽兽、麋鹿、蜚鸟、贞虫,因其羽毛以为衣裘,因其蹄蚤以为绔屦,因其水草以为饮食。故惟使雄不耕稼树艺,雌亦不纺绩织衽,衣食之财固已具矣。今人与此异者也,赖其力者生,不赖其力者不生。君子不强听治即刑政乱,贱人不强从事即财用不足。"(《墨子·非乐上》)墨子认为,贫富不决定于"天",而决定于"力":"必使饥者得食,寒者得衣,劳者得息,岂可以为命哉? 故以为其力也。"(《墨子·非命下》)依靠"力"致富,就是依靠辛勤劳动致富。富国是如此,一般老百姓要想富足,也是如此。为了增加社会财富,墨家提出了"强"和"疾"两个概念。抓紧劳动谓之"疾",尽力劳动谓之"强"。"强"和"疾"这两个字,突出体现了勤苦劳动的精神。他说:"今也农夫之所以早出暮入,强乎耕稼树艺,多聚菽粟而不敢怠倦者,何也? 曰:'彼以为强必富,不强必贫;强必饱,不强必饥,故不敢怠倦。'今也妇人之所以夙兴夜寐,强乎纺绩织纴,多治麻丝葛绪,捆布缪而不敢怠倦者,何也? 曰:'彼以为强必富,不强必贫;强必暖,不强必寒,故不敢怠倦。'"如果农夫"怠乎耕稼树艺,妇人怠乎纺绩织纴,则天下衣食之财将必不足矣"(《墨子·非命下》)。墨家的这些观点,反映了在生产力不发达的农业社会中,物质财富的增加主要依靠勤苦的劳作。延长劳动时间和增加劳动强度是增加社会财富的一条主要途径。[1]

墨子观察到了生产与消费之间的矛盾,认为生产特别是农业生产受气候等自然条件的影响较大,不稳定因素很多,"为者缓,食者众",消费品不足是不可避免的矛盾。为了解决这个矛盾,不能靠对外掠夺,"非取外地也",而只能靠内部努力。除了生产方面的勤劳,就是消费方面的节俭,即所谓"固本而用财,则财足","其生财密,其用之节也"(《墨子·七患》)。他明确表示:"有去大人之好聚珠玉、鸟兽、犬马,以益衣裳、宫室、甲盾、五兵、舟车之数,于数倍乎? 若则不难。"(《墨子·节用》)即认为如果把生产上层统治者的奢侈品所用的人力、物力转用到生产必需品,就不难使国家富裕强大。墨子认为,

---

[1] 丁祖豪:《试论墨家的勤俭经济伦理观及其现代意义》,《东方论坛》,1998年第4期。

节俭益于养民。他认为人民生活之所以贫困,不仅由于生产不足,而且由于剥削者的奢侈浪费。他们住的追求"宫室台榭曲直之望,青黄刻镂之饰";穿的追求"锦绣文采靡曼之衣,铸金以为钩,珠玉以为佩,女工作文采,男工作刻镂";食的追求"刍豢蒸炙鱼鳖,大国累百器,小国累十器,美食方丈,目不能偏视,手不能偏操,口不能偏味"(《墨子·辞过》);丧葬则"棺椁必重,葬埋必厚,衣衾必多,文绣必繁,丘陇必巨",还要大量的陪葬品,金玉珠玑车马,"财以成者挟而埋之"(《墨子·节葬下》)。所有这些,必然导致"厚作敛于百姓,暴夺民衣食之财",不仅浪费大量财富,而且占用大量民力,"女子废其纺织而修文采,故民寒;男子离其耕稼而修刻镂,故民饥"(《墨子·辞过》),使广大百姓生活更加贫困。因此,墨家要求限制统治阶级的豪华生活,以减轻人民的负担,减少劳役,使民"劳而不伤";减轻租税,使民"费而不病"。

　　墨子进一步从治国的角度提出了"俭节则昌,淫佚则亡"的思想。他认为如果统治者能够做到节俭,民众就会由于没有外界奢侈现象的诱惑,而懂得自我供养要节俭,"是以其民俭而易治"。同时,节俭又可使国库得到积蓄。"府库实满,足以待不然;兵革不顿,士民不劳,足以征不服,故霸王之业可行于天下矣"。而统治者的淫佚,主上为之,"左右象之",必然形成奢侈挥霍之风,结果是"富贵者奢侈,孤寡者冻馁","民饥寒并至,故为奸邪"。"以奢侈之君,御好淫僻之民,欲国无乱,不可得也"。同时,淫佚也必然导致国库的空虚。"民苦于外,府库单于内,上不厌其乐,下不堪其苦。故国离(罹)寇敌则伤,民见凶饥则亡,此皆不备之罪也",桀纣之亡国,就缘于此。这是墨子对历史上的经验教训的总结,在后来历代兴亡的更迭中也得到了有力的证明,这是墨子的一个重要理论贡献。[1]

2. 勤俭思想的演进

中华民族向来以"刻苦耐劳著称于世"[2]。千百年来,中华民族正是依靠勤俭精神战胜种种劫难而生生不息,不断发展。因此,勤俭一直为广大劳动人民乃至开明封建君主所称颂和奉行,更为历代忧国忧民的思想家和政治家所推崇,他们为我们留下了许多崇尚勤俭节约的思想遗产。

(1) 汉晋隋唐时期的勤俭思想

西汉立国之初,社会经济凋敝,物资极端缺乏。据《史记·平准书》记载:"汉兴,接秦之弊,丈夫从军旅,老弱转粮饷,作业剧而财匮,自天子不能具钧驷,而将相或乘牛车,齐民无藏盖。"天子不能具"钧驷",将相乘牛车,百姓无积蓄,反映了汉初社会经济残破的严重程度。因此,汉初的统治者致力于医治战争创伤,以"寡欲"、"无为"的黄老思想治国,在生活上注意保持节俭。《汉书·贡禹传》说:"至高祖、孝文、孝景皇帝,循古节俭,宫女不过十余,厩马百余匹。"又据《汉书·高帝纪》记载:"萧何治未央宫,立东阙、北阙、前殿、武库、大仓。上见其壮丽,甚怒,谓何曰:'天下匈匈,劳苦数岁,成败未可知,是何治宫室过度也。'"这里说明刘邦反对萧何将皇宫修建得过于壮丽。汉文帝是汉初几代皇帝中节俭的典型,他在位二十三年,宫室、苑囿、狗马、服御等没有增益,尝欲建造一露台,召求工匠算计之,其价值百金。文帝曰:"百金中民十家之产,吾奉先帝宫室,常恐羞之,何以台

---

[1] 慧超:《试论〈墨子〉和〈周易〉的节俭思想》,载《河南师范大学学报》,2005年9月。

[2] 毛泽东:《毛泽东选集》,第2卷,四川人民出版社,1991年,第623页。

为!"乃罢之。文帝还"常衣绨衣,所幸慎夫人,令衣不得曳地,帏帐不得文绣",及"治霸陵皆以瓦器,不得以金银铜锡为饰,不治坟,欲为省"。由此可见,汉文帝在宫室、苑囿、舆服、丧葬、文化娱乐等物质、精神方面消费力行简朴。他的"尚俭"观念及行为,受到后人如贾捐之、班固、扬雄等人的赞颂,也是后来历代帝王所推崇的节俭典范。

汉景帝也崇尚节俭,反对奢侈铺张,并颁布过一些与饮食、衣着、器具、祭祀等方面消费相关的政令,如禁酒令,禁止用粮食喂养马匹,令徒隶衣粗布等。后元二年(前142年)夏四月诏曰:"雕文刻镂,伤农事者也;锦绣纂组,害女红者也。……朕亲耕,后亲桑,以奉宗庙粢盛、祭服,为天下先;不受献,减太官,省徭赋,欲天下务农蚕,素有畜积,以备灾害。"这些诏令,是景帝晚年所颁布的,很具有代表性,集中反映了景帝掌政期间在饮食、服饰、祭祀等日常生活消费方面一贯是崇尚俭朴,反对奢侈。

到汉武帝时,经过汉初几十年的发展,国民经济从长期战乱中恢复过来,出现了"富商大贾,周流天下"(《史记·货殖列传》)的工商业繁荣局面。一时间,权贵、豪绅、富商、大贾争相斗富,奢侈无度。一些思想家对他们的奢侈行为进行了广泛的揭露与批判,将他们的奢侈无度与国贫民困联系起来。如董仲舒指出:"富者田连阡陌,贫者无立锥之地。又颛川泽之利,管山林之饶,荒淫越制,逾侈以相高;邑有人君之尊,里有公侯之富,小民安得不困?"(《汉书·食货志》)晁错也说,大商人"其男不耕耘,女不蚕织,衣必文采,食必粱肉,无农夫之苦,有阡陌之得。因其富厚,交通王侯,力过吏势;以利相倾,千里游遨,冠盖相望,乘坚策肥,履丝曳缟。此商人所以兼并农人,农人所以流亡者也。"(《论贵粟疏》)贾谊在揭露富商大贾奢侈挥霍时说,现在大商贾贩卖的奴婢,穿戴的都是绫罗绸缎,这是过去皇后入宗庙才穿的衣物;他们酒会宴席上装饰墙壁的高级丝绸,是过去天子才能穿的衣料,这样漫无节制的奢侈浪费,国家怎能不穷呢?"古者以天下奉一帝一后而节适,今富人大贾屋壁得为帝服,贾妇优倡下贱产子得为后饰,然而天下不屈者,殆未有也。"(《新书·孽产子》)"夫雕文刻镂周(害)用之物繁多,纤微苦窳之器日变而起,民弃完坚而务雕镂纤巧,以相竞高。作之宜一日,今十日不能轻成;用一岁,今半岁而弊。作之费日,用之易弊,挟巧不耕而多食农人之食,是天下之所以困贫而不足也。"(《新书·瑰玮》)

东汉初年的统治者吸取西汉灭亡的教训,注意勤俭治国,采取许多措施缓和阶级矛盾,如光武帝刘秀勤于朝政,留下了"乐此不疲"的佳话,并遗诏简葬,"务从约省"(《汉书·光武帝纪》)。但自和帝以后,世风日奢,其中尤以"京师贵戚,郡县豪家"为甚,造成了严重的社会危机。曹操针对东汉末世的奢侈颓风,厉行改革,大力倡导勤俭之风,并身体力行。《三国志·魏武帝纪》注引《魏书》说:曹操"雅性节俭,不好华丽,后宫衣不锦绣,侍御履不二采,帷帐屏风,坏则补纳,茵蓐取温,无有缘饰。……常以送终之制,袭称之数,繁而无益,俗又过之,故预自制终亡衣服,四箧而已"。曹丕在《典论·自叙》中记载"(曹操)好诗书文籍,虽在军旅,手不释卷"。曹操不仅自己勤俭,而且"以勤俭率人",将勤俭作为整个统治集团的生活方式加以推广,并将它与选举制度紧密结合,选拔了一大批廉洁自律、勤于政事的官吏,使世风为之骤变。

三国时期的诸葛亮是中华民族传统美德最完美的体现者之一,是中国古代知识分子理想人格的典范。他在《诫子书》中明确提出了"俭以养德"的修身之道:"夫君子之行,静以修身,俭以养德。非淡泊无以明志,非宁静无以致远。"主张以节俭来培养人的道德,涵养人的

心性。他将立志、学习与成才结合在一起,认为"夫学须静也,才须学也,非学无以广才,非志无以成学","淫慢则不能励精,险躁则不能冶性"。如果不抓紧时间勤学,就会"年与时驰,意与日去,遂成枯落"。他一生实践着"俭以养德",同时要求蜀汉政权的各级官吏"清心寡欲,为政清廉"。他的大力倡导和身体力行促成了蜀汉政府的廉洁,做到了"吏不容奸,人怀自励,道不拾遗,风化肃然"(《三国志·蜀书·诸葛亮传》)。

　　南北朝时期,北齐颜之推所著的《颜氏家训》对勤学成才和俭以持家进行了专门论述。他专门设置了《勉学》篇,提出了勤奋好学、立志成才的重要意义和有效方法。他说:"自古明王圣帝,犹须勤学,况凡庶乎!"(《颜氏家训·勉学》)他认为读书可以"开心明目"、"修身利行"。他劝导子孙:读书在幼年时效果好,但年纪大了也不要放弃,"幼而学者,如日出之光;老而学者,如秉烛夜行,犹贤乎瞑目而未见者也"。(同上)在《治家》篇中,他主张量入为出,丰俭适度,并引用孔子的话加以说明。孔子曾说,奢侈就不逊,俭啬就显得简陋。与其不逊,宁可简陋。孔子还说,如果一个人有周公之才貌,但假如他又骄奢又吝啬,其他方面就不足观了。《家训》承此义,说:"然则可俭而不可吝也,俭者,省约为礼之谓也;吝者,穷急不恤之谓也。今有施则奢,俭则吝,如能施而不奢,俭而不吝,可矣。"《家训》所谓俭,以合于礼数,不显得简陋为准。所谓吝与奢,多表现在周济穷乏和施舍上。从《家训》总的倾向看,它提倡俭约有度,赞扬平时节约,灾荒时周济贫民。《家训》教育后人,应恒念物力惟艰,生活必需品应躬俭节约,它说:"生民之本,要当稼穑而食,桑麻以衣。蔬果之畜,园场之所产;鸡豚之膳,埘圈之所生。爰及栋宇器械,樵苏脂烛,莫非种殖之物也。……今北土风俗,率能躬俭节用,以赡衣食。江南奢侈,多不逮焉。"颜之推的家世虽属"中原冠带,随晋渡江者百家",他本人也一直宦游南北,但因其生逢南北朝的大动荡时局,体验民生之苦,深知物力艰难,所以对家人谆恳告诫,令知物品来之不易。对因奢侈贪婪、夸多斗富而丧身的石崇等人,他多次表示鄙视和批评。

到了隋唐时期,一些思想家更加深刻地体会到勤俭对于治国的意义。"不勤不俭,无以为人上也。"(王通《文中子中说·关朗》)没有勤俭品德的人是不配为君王的,只有能节俭的君王才能体恤百姓,国家才会在他的治理下日渐昌盛,人民才会富足。唐太宗李世民也对大臣们说:君主好享乐,必然增加赋役,从而加重百姓负担;百姓负担重则会导致人力衰竭,从而使农桑荒废,人心不满,国家也就危险了。陆贽也阐述了这样的观点,他说:"桀用天下而不足,汤用七十里而有余;是乃用之盈虚在节与不节耳!"(陆贽《均节赋税恤百姓》)他用大量的历史事实证明节俭国家就可以富足安定,奢侈国家就会贫穷乱亡。他说,汉文帝"能躬俭节用",所以,"御府之钱,贯朽而不可校,太仓之粟,红腐不可食。国富于上,人安于下"。而隋炀帝"肆行骄奢,竭耗生灵,不知止息,海内怨叛,以至于亡"。他认为"秦皇隋炀之败靡足戒",他劝诫封建君主要认识到奢侈与节俭,"其于得失相远,复有存灭之殊,安可不思,安可不惧?"(《均节赋税恤百姓》)

(2) 宋元明清时期的勤俭思想

自宋代起,商品经济获得了长足发展,地主家庭与商品经济的联系日趋加强,不以门阀高贵而以财富称雄的庶族地主在社会经济中已处于优势地位,众多的庶族地主子弟通过科举之途步入统治阶级行列,使得庶族地主在政治生活中的地位与影响与日俱增。对庶族地主而言,其政治地位强弱所凭借的主要是其经济实力的大小,要巩固和提高自身的政治地位,就必须不断壮大自己的经济实力,而要增加经济实力,就必须讲求殖财致富之道,从而促进了宋代及元、明、清各代以"勤"和"俭"为核心的家庭治生之学的兴起。

北宋叶梦得及其《石林治生家训要略》最早在家训文献中别开生面地举起了治生之学的旗帜。他的治生思想的突出贡献是在中国传统家训史上首次提出了治生的意义、原则和方法。叶梦得突破了北魏以来盛嚣数百年之久的将富国富民之业与治私人之生业断然割裂、对立的传统文化观念的束缚,认为两者兼通,治私人生业是富国富民的基础。他主张把治生之术与儒家伦理道德有机结合起来,提倡治生"非必营营逐逐,妄取于人",若能以"诗书礼乐"与"义理养心"而"得以为圣为贤","实治生之最善者"。他强调勤劳从事士、农、工、商各业均可为治生之途:"出作入息,农之治生也;居肆成事,工之治生也;贸迁有无,商之治生也;膏油继晷,士之治生也。"(叶梦得《石林治生家训要略》)叶氏的"治生"思想对后世影响甚巨,从此,"治生"逐渐成为家训的重要内容之一。[1]

南宋时期,北方农民、手工业者的大批南迁,加快了南方地区的

---

[1] 吴传清:《中国传统家训文化视野中的治生之学》,《中南民族学院学报》,2000年1月。

开发,促进了南宋生产的发展和商业的繁荣。但由于朝廷的腐败,社会矛盾十分尖锐,经济发展又受到严重制约。面对这样的社会情况,朱熹从"存天理,灭人欲"的角度提出了"奢俭适中"的经济伦理思想。针对南宋统治者的挥霍无度、穷奢极欲,他反复强调:"侈用则伤财,伤财必至于害民,故爱民必先于节用。"(朱熹《论语集注》卷一)当然"节用"并不是要求人们过"苦行僧"式的生活,"饥而欲食,渴而欲饮,则此欲岂能无"(朱熹《论语集注》卷五)。朱熹强调的是"中",即既不过奢,也不过俭,"奢易则过于文,俭戚则不及",二者都不符合"中"的标准,特别"过奢"乃是"大害",因为它会动摇社会的根基,危害社会的稳定。

明朝初年,太祖朱元璋励精图治、力行节俭,被战争破坏的社会经济得到迅速恢复和发展,日趋繁荣。但到了明朝中后期,尤其是"土木之变"后,明王朝走向了衰败,国家财政入不敷出,社会矛盾激化,人民生活困苦。面对这些困境,明代中期的丘浚提出了丰富的理财思想。他的理财思想无论是理论的深度,还是涉及问题的广度,都达到了中国古代理财思想的高水平。[1]他的理财思想既包括理国财,也包括理民财。他把理民财看作是理国财的基础,"古者藏富于民,民既理财,则人君之用度无不足","是故善于富国者,必先理民之财,而为国财者次之"。(丘浚《总论理财之道上》)在此基础上,他对于国家财政提出了具体的主张:一是要"用之有节"。如果君主能够节用,"则薄取而有余",如果君主奢侈,"则尽取而不足"。因此他认为节用乃是"万世理财之要"。(丘浚《总论理财之道下》)二是限制宫廷开支,分内外二府。外府"待军国之用",内府"待宫室衣车赐予燕

---

[1] 石世奇:《中国传统经济思想研究》,北京大学出版社,2005年,第197页。

好之费"。"外府不足,可取之内府;内府不足,则不可取之外府"。(丘浚《经制之义》)三是编制国家预算,量入为出。

　　清人曾国藩是清朝末年著名的政治家和思想家,他"克勤克俭"的治家思想在我国治家伦理思想史上占有特殊的地位,不仅对曾氏家人及后辈子孙产生了积极影响,而且对近代史上许多名人乃至许多普通家庭的治家伦理都产生过重大影响。曾国藩"历览有国有家之兴,皆由克勤克俭所致,其衰也则反是"(《曾文正公全集》)。他认为"勤字为人生第一要义,无论居家、居官、居军,皆以勤字为本"。他将勤进一步分为五勤,丰富了勤的内涵:"一曰身勤:险远之路,身往验之;艰苦之境,身亲尝之。二曰眼勤:遇一人,必详细察看;接一文,必反复审阅。三曰手勤:易弃之物,随手收拾;易忘之事,随笔记载。四曰口勤:待同僚,则互相规劝;待下属,则再三训导。五曰心勤:精诚所至,金石为开;苦思所积,鬼神亦通。五者皆到,无不尽之职矣。"(《曾文正公全集》,《杂著·劝诫浅语十六条》)他教育子弟"勤俭自持,习劳习苦,可以处乐,可以处约,此君子也。……无论大家小家,士农工商,勤苦俭约,未有不兴,骄奢倦怠,未有不败"(《挺经·廪实》)。"欲为先人留遗泽,为后人惜余福,除却勤俭二字,别无他法。"(《曾文正公全集》)对于内眷,曾国藩也从不姑息,同样严饬勤俭。他要求欧阳夫人居心行事"不可不劳苦,不可不谨慎"。他规定"新妇始至吾家,教以勤俭。纺织以事缝纫,下厨以议酒食。此二者,妇职之最要者也"。(《曾国藩全集·家书》)

　　(3)中国共产党人对勤俭美德的传承与发扬

　　中国共产党人十分重视继承和弘扬勤俭节约这一传统美德。正是依靠艰苦奋斗、勤俭节约的精神,共产党人吃草根、啃树皮,在物质条件极为恶劣的条件下,走完二万五千里长征,取得抗日战争的伟大胜利,推翻三座大山,解放了全中国。

新中国成立后,毛泽东同志把艰苦创业、勤俭建国定为一项基本国策,并且身体力行,率先垂范,长期坚持不懈。1955年,毛泽东同志提出"勤俭办工厂,勤俭办商店,勤俭办一切国营事业和合作社事业,勤俭办一切其他事业"的方针,把勤俭节约原则提到社会主义经济基本原则之一的高度。在1956年党的八届二中全会上和其后一段时间的多次讲话中,毛泽东同志反复强调要勤俭建国,他说:"要勤俭建国,反对铺张浪费,提倡艰苦朴素,同甘共苦"。"今年这一年,报纸上片面地、不合实际地宣传要改善人民生活,而对勤俭建国,反对铺张浪费,提倡艰苦朴素,同甘共苦这些东西,很少宣传,以后报纸的宣传重点要放在这方面来"。(毛泽东《在中国共产党第八届中央委员会第二次全体会议上的讲话》)1957年,毛泽东同志在《关于正确处理人民内部矛盾的问题》的讲话中,强调"要使全体干部和全体人民经常想到我国是一个社会主义的大国,但又是一个经济落后的穷国,这是一个很大的矛盾,要使我国富强起来,需要几十年艰苦奋斗的时间,其中包括执行厉行节约,反对浪费这样一个勤俭建国的方针"。在生活上,他一生粗茶淡饭,睡硬板床,穿粗布衣,生活极为简朴,一件睡衣竟然补了七十三次、穿了二十年,为全党作出了表率。

周恩来同志不仅是我们党艰苦奋斗,勤俭节约的倡导者,也是世人公认的楷模与典范。在周恩来身上,党的优良传统和作风得到了最完整、最突出的体现。在半个多世纪的革命生涯中,他殚精竭虑,夙夜在公,吃的是粗茶淡饭,穿的是打满补丁的衬衣;他公私分明,不许自己有一点特殊。当有人说他过分清俭时,周总理对身边人说:"我这样做是不是有点过分? 我看不过分,前提是我们国家还一穷二白。……六七亿人口的中国……再穷也不缺我几身新衣服……身为六七亿人口大国的总理,我怎样做不是我一个人的事,这表明我提倡什么。六七亿人口是应该提倡节俭,还是现在就不顾国情去追求享受?我更多考虑的是后者。""我们共产党人不信奉苦行僧主义,我们现在艰苦奋斗,是为将来进入人类最美好的共产主义作物质和精神的准备。"他以自己特有的人格风范,塑造了共产党员的光辉形象。

党的十一届三中全会以后,邓小平同志提出"贫穷不是社会主义"的著名科学论断,同时力主恢复和发扬艰苦创业的传统。1979年11月,他严肃批评了少数干部当官做老爷,脱离群众的倾向。他说"我们必须恢复和发扬党的艰苦朴素、密切联系群众的优良传统"[1]。1980年1月,他在《目前的形势和任务》中说,"要有一股艰苦奋斗的创业精神","中国搞四个现代化,要老老实实地艰苦创业。我们穷,底子薄,教育、科学、文化都落后,这就决定了我们还要有一个艰苦奋斗的过程。"1982年5月,邓小平在同外宾谈到我国的开放政策时强调:"必须在自力更生的基础上争取外援,主要依靠自己艰苦奋斗。"[2]1989年他又多次语重心长地告诫全党和全国人民,"应该保持艰苦奋斗的传统。坚持这个传统,才能抗住腐败现象。"邓小平的这些话,明白无误地指出艰苦创业是实现社会主义现代化的必要途径,是对毛泽东艰苦创业、勤俭建国思想的继承和发展。

以江泽民同志为核心的党中央十分重视毛泽东、邓小平关于艰苦创业、勤俭建国的思想。江泽民同志在党的十四大报告中说:"我国底子薄,目前处在实现现代化的创业阶段,需要有更多的资金用于建设,一定要继续发扬艰苦奋斗、勤俭建国的优良传统,提倡崇尚节

---

[1] 邓小平:《邓小平文选》(1975—1982年),人民出版社,1983年,第189—191页。
[2] 邓小平:《邓小平文选》,第361页。

约的社会风气。"他从国家和民族战略全局的高度进一步强调艰苦奋斗精神的重要作用,他反复告诫全党:"艰苦奋斗,事业必成;贪图享受,自毁前程";"一个国家、一个民族,如果不提倡艰苦奋斗、勤俭建国,人们只想在前人创造的物质文明成果上坐享其成,贪图享乐,不图进取,那么,这样的国家,这样的民族,是毫无希望的,没有不走向衰落的。"李鹏同志也在八届全国人大一次会议上指出:"我国是一个人口众多的发展中国家,只有发扬艰苦奋斗的优良传统,经过几代人的埋头苦干,才能彻底改变经济落后面貌,使全国人民都过上富裕生活。"他号召"要深入持久地开展增产节均、增收节支活动"。

以胡锦涛同志为总书记的新一届中央领导集体高度重视发扬谦虚谨慎、艰苦奋斗的优良传统。党的十六大胜利闭幕后不久,胡锦涛、曾庆红等中央书记处的同志来到革命圣地——河北省平山县西柏坡学习考察,回顾党带领人民进行伟大革命斗争的光辉历史,重温毛泽东同志在党的七届二中全会上的重要讲话,特别是其中关于"两个务必"的重要论述,号召全党同志特别是领导干部大力发扬艰苦奋斗的作风。针对新时期我国人口众多、资源相对不足、环境承载能力较弱的基本国情,党中央明确提出构建节约型社会的重要战略举措,要求在社会生产、建设、流通、消费的各个领域,在经济和社会发展的各个方面,切实保护和合理利用各种资源,提高资源利用效率,以尽可能少的资源消耗获得最大的经济效益和社会效益;要求充分认识建设节约型社会的极端重要性和紧迫性,迅速行动起来,大张旗鼓、深入持久地开展资源节约活动,加快推进节约型社会建设,促进我国经济社会全面协调可持续发展。

总之,我们党在长期的革命斗争中形成的井冈山精神、长征精神、延安精神以及建设时期形成的大庆精神、大寨精神、雷锋精神、焦裕禄精神,改革时期形成的孔繁森精神、李国安精神等等都是勤俭精神在不同时期的表现。从某种意义上说,我们党的历史就是同人民群众一起艰苦奋斗、勤俭节约取得革命和建设胜利的历史。继承和发扬艰苦奋斗、勤俭节约精神,可以摆正党员的位置,认清自己的责任,永葆党员的政治本色,经受住改革开放与市场经济相伴而来的种种考验,夺取社会主义革命和建设的一个又一个胜利。

3. 勤俭美德的含义

勤俭作为中华民族的传统美德,在几千年的历史发展中形成了丰富的内涵。具体说来,勤俭包含着不可分割的两层含义:一是与懒惰相对的勤劳,二是与奢靡相对的节俭。勤劳与节俭作为一个事物的两个方面,互为表里、相辅相成。

（1）勤德的含义

勤即勤劳、勤奋、勤恳、不惰。从词源分析,许慎《说文解字》云:"勤,劳也,从力","执劳辱之事"。可见勤与劳在古代意思是相通的。它反映了人们对待劳动的态度,要求人们在劳作中勤勤恳恳、不怕辛劳、孜孜以求,以自己的劳动创造价值。"农人有勤,则五谷丰登;肆工有勤,则物器多多;官人有勤,则政通人和;商贾有勤,则市肆繁荣;士人有勤,则立功立言。"

综观中国古代关于勤德的论述,其具体含义可以概括为以下几个方面：

一是辛勤劳作。在社会生产力非常低下的农业社会,人们只有依靠辛勤的劳动才能获得基本的温饱,"农夫不勤则无食;桑妇不勤则无衣;士大夫不勤则无以保家"。(《清仁宗味余书室全集·民生在勤论》)因此,"民生在勤,勤则不匮,是勤可以免饥寒也。"(《左传·

宣公十二年》)朱熹曾引此说,强调人们应当努力劳作。他说:"只可过于勤劳,不可失之怠惰。传曰:'民生在勤,勤则不匮。'"(《朱子大全·劝农文》)中国古代农民的勤劳在世界上无以伦比。20世纪初,美国传教士明恩溥在描述中国农民的勤劳时说:"毫无疑问,任何一个地方的农民多多少少都是这样,但中国农民的勤劳是很难超过的。"他们要"殚精竭虑,细心照看每一棵白菜,抓小虫子和毛毛虫,扛活的则要去找寻更琐屑的活计,他要想尽办法弄点吃的养活自己,养活他那一大家子人"。[1]

二是勤奋力学。在耕读结合的农业社会,士人的勤奋则表现为刻苦学习。"书山有路勤为径,学海无涯苦作舟。"(韩愈《治学联》)勤奋是成就个人才学的关键因素,所以华罗庚说:"勤能补拙是良训,一分辛劳一分才。"苏秦刺股、匡衡凿壁、孙敬悬梁、刘向燃藜、车胤囊萤、江泌借月、李密挂角……都堪称是中华民族奋发进取、刻苦学习的典范。

三是勤劳致富。无论是经商还是持家,勤俭都是致富的源泉,而惰侈则是败家的祸根。古人早就认识到这一点:"侈而惰者贫,力而俭者富。"(《韩非子·显学》)"富贵本无根,尽从勤里得。"(明·冯梦龙《醒世恒言·徐老仆义愤成家》)"富贵因从勤俭起,贫穷只为手头松。"(清·史襄哉《中华谚海》)

四是业精于勤。从司马迁忍辱含垢著《史记》、李时珍踏遍青山穷搜博采修订《本草纲目》、徐霞客游历中华投身实践写成《徐霞客游记》等历史故事可以看到,先贤是如何为实现自己的理想而兢兢业业、不辞劳苦,最终把理想变成现实的。

---

[1] [美]明恩溥:《中国人的素质》,学林出版社,1999年,第23页。

五是勤勉于政。勤政是古人一项基本的政德,为政者只有心系百姓,勤勉于政,才能治理好国家。古人深刻认识到勤政与治国的关系,早在《尚书》中就有"克勤于邦"的箴言。从唐代开始,官员的"勤政"有了极严格的规定。据《新唐书·百官志》载,对百官以"六察"来考核:其一,察官人善恶;其二,察户口流散,籍账隐没,赋役不均;其三,察农桑不勤,仓库减耗;其四,察妖猾盗贼,不事生业,为私蠹害;其五,察德行孝悌,茂才异笃,藏器晦迹,应时用者;其六,察黠吏豪宗,兼行纵暴,贫弱冤苦,不能自申。这个"六察"规定由唐宋一直延续到明清,朝廷要求监察御史的职责乃察此"六事",并分工往察六部。

（2）俭德的含义

俭就是俭朴、俭约、节制、不奢。许慎《说文解字》云:"俭,约也","去奢崇约谓之俭"。清代语言学家段玉裁在《说文解字注》中对"俭"作这样注解:"俭,约也,缠束也。俭者,不敢放侈之意。"俭是一种约束,是对自身欲望的约束。它要求人们尊重劳动,珍惜劳动果实,量入为出,精打细算,生活朴素,约束自己的各种欲望。

综观中国古代关于俭德的论述,主要包括以下多重含义:

一是珍惜劳动果实。古人谈俭德,往往是从劳动的艰辛立言。李绅的《悯农诗》描绘了劳动的艰辛,因此,"每一食,便念稼穑之艰难;每一衣,则思纺绩之辛苦。"(吴兢《贞观政要·教诫太子诸王》)要求人们牢记稼穑之艰难,自觉珍惜来之不易的劳动果实。

二是以俭涵养道德。古人把俭朴节约看作进德修业的基础。孔子曰:"奢则不逊,俭则固。与其不逊,宁固。"还说:"士志于道,而耻恶衣恶食者,不足与议也。"在他看来,能否节俭是修德的要目。由节俭可以养德亦可推知,若耽于享乐,一味奢侈,则失去了养德之基础。欲之无制,德将不存。司马光在其家训中说:"言有德者,皆由俭来也。"(《司马文正公传家集·训俭示康》)德自俭生,不讲节俭,就失去了德性存在的根基。这主要是因为,俭可以对"欲"起到一定的制约作用。王通说:"节乎己者,贪心不生。"(王通《文中子中说》)此处所谓"贪心",就是无节制的贪欲。只有以俭为德,才可能防止贪欲的产生。

三是坚持以俭持家。对于家庭来说,节俭兴家,奢侈败家。历代治家格言,戒子家书,莫不将节俭作为持家的重要原则。南宋叶梦得将俭规定为持家的第一要则,他说:"夫俭者,守家第一法也。"(叶梦得《石林治生家训要略》)清人金缨亦称:"勤俭,治家之本。"(金缨《白话格言联璧》)为什么古人如此重视勤俭在治家中的作用呢?这是因为,是否勤俭持家,关系到家庭的贫富、家业的兴衰。在家境贫寒的情况下,只要能做到以俭持家,则贫不足惧,通过节制开支,仍有可能勉强度日。这就是所谓"俭者贫有余"(谭峭《谭子化书》)。而一旦丧失俭德,那么,即使再富有的家庭也会走向破落。

四是以俭富国安邦。中国古代不少思想家、政治家从国家兴亡的角度阐述俭德的价值。孔子告诉执政者:"道千乘之国,敬事而信,节用而爱人,使民以时。"(《论语·学而》)唐太宗李世民在《帝范·崇俭篇》中指出:"夫圣代之君,存乎节俭。富贵广大,守之以约……茅茨不剪,采椽不斫,舟车不饰,衣服无文,土阶不崇,大羹不和;非憎荣而行俭。故风淳俗朴,比屋可封,此节俭之德也。"唐初贞观之治的出现与其倡导节俭之风不无关系。君王如果奢侈挥霍无度,必然搜刮民财,"聚敛者,召寇、肥敌、亡国、危身之道也,故明君不蹈也。"(《荀子·王制》)这种自取灭亡的做法,贤明的君主是不为的,圣君贤相都应该懂得"不过行俭德,盗贼本王臣"(杜甫《有感五首》)的道理。

五是不吝不奢。在古人看来,节俭也是一种中道。不节不俭,陷入奢侈,自然是无德可言。而节俭过头,当用不用,亦可能丧失俭德之本义，会走向另一个极端——吝啬。应当指出，节俭与吝啬之间存在着一定的同一性，这主要是因为二者都主张"少用"。由于二者有同一性，因此也就有相互转化的可能性。如果过于节俭，超过了一定的度，节俭就会转化为吝啬。宋代洪应明指出："俭，美德也，过则为悭吝，为鄙啬。反伤雅道。"（洪应明《菜根谭》）因此，古人所论之节俭，不是不用，不是吝啬的"少用"，而是当用则用，当节方节。

（3）勤与俭的关系

勤与俭是中华民族引以自豪的一对孪生姐妹，是密不可分的统一体。勤的本质在于勤劳刻苦，尽己之力；俭的本质在于对劳动者的尊重，对劳动成果和资源的珍惜。勤的反面是懒，俭的反面是奢。勤而奢侈不能算是美德；俭而懒惰更不能算是美德。勤因俭而贵，俭因勤而诚。俗话说"勤似甘泉水，俭似聚宝盆"，没有勤劳，就没有财富；没有节俭，就无法聚积财富。勤是开源，俭是节流，前者是积极地创造的态度，后者是消极地防范的意识。因此，既勤劳又节俭，对于劳动人民来说是创造和积累财富的有效途径。这正如清人石成金所说："勤俭两件，犹夫阴阳表里，缺一不可。勤而不俭，譬如漏卮，虽满积而亦无所存；俭而不勤，譬如石田，虽谨守亦无所获。须知勤必要俭，俭必要勤。"（《传家宝·知世事》）英国经济学家亚当·斯密也以资本积累为例阐述了勤与俭不可分割的联系，他说"资本增加，由于节俭；资本减少，由于奢侈与妄为"，"诚然，未有节俭以前，须先有勤劳，节俭所积蓄的物，都是由勤劳得来。但是若只有勤劳，无节俭，有所得而无所贮，资本决不能加大"。[1]

---

[1]［英］亚当·斯密：《国民财富的性质和原因的研究》，商务印书馆，1974年，第310页。

无论修身齐家,还是治国平天下,勤与俭都是必备品质和基本要求,否则为人必荡,持家必穷,治国必败。明末思想家王夫之将"勤"、"俭",以及与之相联系的"慎"作为杰出人才的核心素质。他在《俟解》中说:"俭者,节其耳目口体之欲,节己而不节人。勤者,不使此心昏昧偷安于近小,心专而志致。慎者,畏其身入于非道,以守死持之而不为祸福利害所乱。能俭、能勤、能慎,可以为豪杰矣。"清人金缨将勤俭视为治家之本。明人王相专门论述了勤与俭对于修身齐家的意义,他说:"勤者女之职,俭者富之基。勤而不俭,枉劳其身;俭而不勤,甘受其苦。俭以益勤之有余,勤以补俭之不足。若夫贵而能勤,则身劳而教以成;富而能俭,则守约而家日兴。"(《女四书笺注》)

二、中国古代的勤俭文化

在中国传统文化中,勤俭节约既是一种精神要求与追求,同时又是一种道德规范和道德品质。正是把勤俭节约作为立身之根基、持家之要诀、治国之法宝,我们的祖先才能率先高举起人类文明的火炬,创造出中华民族灿烂辉煌的历史文化。

1. 立身之根基

勤与俭是古代贤哲立身处世和待人接物最基本的美德。这主要表现在勤学致道与俭以修身两个方面。

(1) 勤学致道

"百工居肆以成其事,君子学以致其道。"(《论语·子张》)古人将勤奋学习视为达到理想人格的必要条件。早在《尚书》中就已表达了这种思想,"惟学逊志,务时敏,厥修乃来,允怀于兹,道积于厥身"(《尚书·说命下》)。要而言之,"学"然后才能道积于其身。后来,荀子表述得更为明确,荀子说:"君子博学而日参省乎己,则知明而行无过矣。"(《荀子·劝学》)强调了"学"是"知明而行无过"的条件。朱熹引游氏语曰:"君子之道,以威重为质,而学以成之。"(《论语集注》卷一)王夫之也强调说:"君子之所由以致于道者,学也。"(《四书训议》卷五)学才能达到人生的最高境界,学的目的也就是为了达到人生的最高境界,"君子之为学,以求合于道也"(《四书训议》卷十),"学以致者道"(《四书训议》卷五)。

正是基于这种认识,古人特别强调勤奋好学。《论语》开篇就是论学的,并且把学习当作一种享受,一种快乐。孔子的继承者们,无一例外地都非常重视"学",有许多著名的代表人物在其著作中写了论学的专门篇章:《荀子》、《吕氏春秋》、《贾谊新书》、《孔子集语》中有《劝学》;《礼记》中有《学记》、《大学》;《扬子法言》中有《学行》;《潜夫论》中有《赞学》;《中论》中有《治学》;《通书》中有《志学》、《圣学》;《程氏粹言》中有《论学篇》;《朱子语类》从卷七到卷十三,皆以《学》名之,共达七卷之多;直到清代的张之洞都还以《劝学篇》作为其著作的书名。可见,古代的学论思想蔚为壮观,已经形成了一种体系较为完整的理论,并且在中国思想史上产生了深远的影响,是我国传统文化中一份极为宝贵的精神财富。

具体说来,古人的勤奋力学表现在以下几个方面:

第一,刻苦求学。"宝剑锋从磨砺得,梅花香自苦寒来"。古人通过刻苦求学成功成才的故事不胜枚举,单就唐代那些学者勤学苦读的风尚与精神,就令后人赞叹不已。李白"五岁诵六甲,十岁观百家",稍长,"十五观奇书,作赋凌相如"。甚至在安史大乱中,身"系浔阳狱,正读《留侯传》",平日攻读之勤可想而知。杜甫"七龄思即壮,开口咏凤凰。九龄书大字,有作成一囊"。年纪尚轻,竟敢"气劘屈贾垒,目短曹刘墙",既长大,还是"群书万卷常暗诵"。他经常告诫儿子"应须饱经术"、"熟精文选理",他自己不言自明。中唐白居易,"及五六岁便学为诗,九岁谙识声韵……二十年来,昼课赋,夜课书,间又课诗,不遑寝息矣。以至口舌生疮,手肘成胝"。(白居易《与元九书》)长期手握书卷或伏案笔耕,手和肘关节上都磨出一层厚厚的老茧,这种功夫,当今尚有几人做得到? 韩愈为朋友柳宗元死后写的《柳子厚墓志铭》里说:"子厚少精敏,无不通达……议论证据今古,出如经史百子"。而韩愈自己"少好学问,自《五经》之外,百氏之书,未有闻而不求、得而不观者",年复一年,日复一日,"口不绝吟于六艺之文,手不停披于百家之编"(韩愈《进学解》),以至"年未四十而发苍苍,而视茫茫,而齿牙动摇"。终其一生,"焚膏油以继晷,恒兀兀以穷年"。边塞诗人高适,从小丧父,生活穷困,有时甚至以讨饭为生。长大后,他种地砍柴,遍尝劳苦,仍然不忘读书习武。后来到长安寻找出路,因为出身低微,不受重视,他索性住在乡下耕读度日。后来来到边境,和守边将士生活在一起,过着严苦的军旅生活。长期的磨炼,使他见识高远、才华卓著,写出了传诵千古的豪迈诗句。

第二,惜时如金。"盛年不重来,一日难再晨。及时当勉励,岁月不待人。"(陶渊明《杂诗八首》之一)"三更灯火五更鸡,正是男儿立志时。黑发不知勤学早,白首方悔读书迟。"(颜真卿《劝学》)"莫等闲,白了少年头,空悲切。"(岳飞《满江红·写怀》)"白日如奔腾,少年不足恃。汲汲身未立,忽焉老将至。子诚念及此,则昼何暇乎食,夜何暇乎寐。"(《宋元学案补遗》卷二)"光阴易过,一日减一日,一岁无一岁。"(《朱子语类》卷一二一)这些惜时劝学的言论表达了先哲对时间的珍视,他们也留下了大量惜时勤学的故事。例如,《汉书》记载了西汉黄霸狱中勤学的故事。他曾经因同情夏侯胜反对汉宣帝修建庙堂而与夏侯胜一起入狱。夏侯胜是一位忠臣,更是一位饱学之士,尤其精通《尚书》。黄霸与夏侯胜关在一个监狱里,他就利用这个机会向夏侯胜学习,并拜他为师。一天,黄霸诚恳地对夏侯胜说:"您对《尚书》的研究很深刻,请您教我学《尚书》好吗?"夏侯胜入狱后一心等死,情绪十分低沉,听了黄霸的话后,苦笑道:"你我都是犯了死罪的人,说不定明天就会被砍头,你还有什么心思学《尚书》呢?再说,学了又有什么用?"黄霸说:"孔子说过,'朝闻道,夕死可矣!'如果一个人能在生前多学一些东西,那么死的时候也会心满意足,无怨无悔了!"一席话感动了夏侯胜,于是振作起来,并同意收下黄霸做自己的学生。就这样,黄霸在狱中开始向夏侯胜学习《尚书》。黄霸学而不厌,刻苦认真,终于在狱中把深奥难懂的《尚书》吃透了。夏侯胜诲人不倦,在教黄霸的同时,既温故知新,同时又悟出了许多新见解。就这样,两人在狱中一教一学,整整度过了三年,直到大赦出狱,两人成了知交。出狱后,夏侯胜出任谏议大夫,他立即举荐黄霸。不久,黄霸也出任扬州刺史。后官至御史大夫、丞相,封建成侯。(《汉书》卷七五、八九)

第三,持之以恒。"锲而舍之,朽木不折;锲而不舍,金石可镂。"(《荀子·劝学》)"学至乎没而后止。"(《荀子·劝学》)"焚膏油以继晷,恒兀兀以穷年。"(韩愈《进学解》)古人的勤学精神还表现在锲而不舍、持之以恒上。学习不可能一蹴而就,必须坚持不懈,持之以恒才能有所成就。汉儒董仲舒读书"三年不窥园"的故事可谓持之以恒的典范。董仲舒自幼勤习儒家经典,数十年如一日,《史记》《汉书》本传说他专心学业,"盖三年不窥园,其精如此!"王充《论衡·儒增》亦载:"儒书言董仲舒读《春秋》,专精一思,志不在他,三年不窥园菜。"桓谭《新论·本造》甚至说:"董仲舒专精述古,年至六十余,不窥园中菜。"他沉醉于儒家经典所创造的意境中,心无旁骛。据《史记》记载,当时六畜兴旺,马牛繁息,"众庶街巷有马,阡陌之间成群",人们乘马也非常讲究,乘母马者被"摈(排斥)而不得聚会"。可董仲舒对此并不留意,"尝乘马不觉牝牡,志在经传也。"(《太平御览》卷八四〇)功夫不负有心人,经过多年的钻研,董仲舒学通五经,义兼百家,且长于议论,善为文章。《汉书·儒林传》说他"通五经,能持论,善属文"。王充也说:"董仲舒者,文之乌获也。"(《论衡·效力》)将他比喻为文章圣手,写作大师。

(2) 俭以修身

在古人看来,节俭是道德修养的重要基础。《左传·庄公二十四年》有一句著名的议论:"俭,德之共也。侈,恶之大也。"《司马文正公传家集·训俭示康》对此议论做过精辟的解释:"共,同也,言有德者,皆由俭来也。夫俭则寡欲。君子寡欲,则不役于物,可以直道而行;小人寡欲,则能谨身节用,远罪丰家。故曰'俭,德之共也'。侈则多欲。君子多欲,则贪慕富贵,枉道速祸;小人多欲,则多求妄用,丧身败家,是以居官必贿,居乡必盗。故曰'侈,恶之大也'。"古人以俭来修身养性主要体现在以下几个方面。

第一,淡泊明志。淡泊可以明志,就是不追逐世俗的功名利禄,以心灵的恬淡平和来显示人的志趣和志向。淡泊明志是古人所倡导的一种理想人格。作为一种生活方式,它以简朴为美,崇尚自然,放弃多余的物质追求;它尊重人的内心需求,心灵的恬淡与宁静,不为功名利禄奔波忙碌。"君子食无求饱,居无求安。"(《论语·学而》)"饭疏食饮水,曲肱而枕之,乐亦在其中矣。"(《论语·述而》)节俭的生活犹如磨刀石,它能砥砺人们战胜艰难困苦的坚韧意志,培养顽强的斗志。坚持节俭的生活态度,可以使人保持一种不役于物的精神状态,从而能够以一种高尚、宁静、淡泊的心态去生活。所以孔子曾一再感叹回颜回安贫乐道的生活方式:"贤哉,回也! 一箪食,一瓢饮,在陋巷,人不堪其忧,回也不改其乐。贤哉,回也!"相反,人如果一味追求物质享受,就容易在花天酒地、纸醉金迷的奢靡生活中玩物丧志,从而意志消沉、精神颓废,最终必然导致道德沦丧、腐败堕落。

第二,躬行俭朴。自古以来,大凡有成就、留名后世的贤哲都主张一种俭朴、清廉的生活方式。如司马光自述"平生衣取蔽寒,食取充腹,亦不敢服垢弊以矫俗干名,但顺吾性而已。众人皆以奢靡为荣,吾心独以俭素为美"(《训俭示康》)。他虽然高居宰相之职,仍以节俭为本,不喜华靡,留下了"入地乘凉"、"典地葬妻"等感人事迹。据《宋史》记载,洛阳为北宋西京,深门大院,亭台楼阁,随处可见。当时的大官王宣徽在洛阳园宅甲天下,中堂起屋三层,飞檐走兽,气势恢宏,华丽无比。而司马光宅第简陋,仅可蔽风雨,由于夏日酷热难当,司马光在家中挖地丈余,以砖砌成地室以避暑,被京城戏称为"王家钻天,司马入地"。司马光为官四十余年,位至尚书左仆射兼门下侍郎(宰相),妻子去世,家里竟然没有钱办丧事,儿子司马康和亲戚主张借些钱,把丧事办得排场一点,司马光不同意,并且教训儿子处世立身应以节俭为可贵,不能动不动就借贷。最后,他还是把自己的一块地典当出去,才草草办了丧事。这就是民间流传的"典地葬妻"的故事。

第三,俭以养德。节俭之所以可以养德,是因为节俭与各种品德之间有着内在的本质联系。善于克制、谨身节用,就有了道德自律的基础,从而有利于其他如朴实、勤劳、善良、清廉等道德的养成。所以清代画家文点说:"贫者,士之幸也。菜羹蔬食,足以安人性情,坚人操行。少或有余,将移所守。"(吴德旋《初月楼闻见录》卷一)北宋时期辽国人张俭堪称是这方面的典范。他在相位二十余年,生活一贯俭朴,只穿粗布衣服,食不重味,每月俸禄有余,就赠给亲朋故旧。辽兴宗去他家时,本来御膳房已派去厨师,各种美味菜肴都已准备好了,张俭都让撤掉,只"进葵羹干饭",结果两人吃得也很香甜。还有一次,正值严冬,张俭在便殿议事,兴宗见他长袍破旧,密令侍从用火夹烧穿他的袍子,想让他换件新长袍。尽管袍子上烧了许多洞,可张俭依旧穿着它。兴宗不解地问他为什么老穿那件破旧的袍子?他回答说:"臣服此袍已三十年。因为人们崇尚奢靡,为了矫正时弊,所以要以自己的实际行动来革除不良的习俗。"兴宗钦佩他的清贫,命令他到内库任意选取他所需要的东西,可张俭仅"持布三端而出"。因此,兴宗更加敬重他。张俭有弟五人,兴宗"欲俱进士第",可张俭坚决不答应。(《辽史·张俭传》)又如明代清官海瑞,常以"公以生其明,俭以养其廉"自勉,平时出门只着布衣,鞋子修补了几次仍穿在脚上,平时从不吃肉,朋友登门拜访也只是蔬菜招待,老母亲六十大寿时才买了两斤肉。海瑞死后,人们清点其遗物,只有"俸金八两,葛布一匹,旧衣数件"。时人称赞"海公清苦之行,举朝不能堪,亦举朝不能及"。(郑瑄《昨非庵日纂》)

第四,俭以养身。古人认为俭之有益于人,不仅可以养德,还可以养寿、养神、养气。"俭于听,可以养虚;俭于视,可以养身;俭于言,可以养气。"(五代·南唐·谭峭《谭子化书》)宋人罗大经指出:"大凡贪淫之过,未有不生于奢侈者。俭则不贪不淫,是可以养德也;人之受用,自有剂量,省啬淡泊,有久长之理,是可以养寿也;醉颊饱鲜,昏人神志,若疏食菜羹,则肠胃清虚,无滓无秽,是可以养神也;奢则妄取苟求,志气卑辱,一从俭约则于人无求,于己无愧,是可以养气也。"清代康熙皇帝也认为:"人生衣食财禄皆有定数,若俭约不贪,则可以养福,亦可以致寿。"(《庭训格言》)清人高拱京更是指出俭的多重益处:"俭有四益:人之贪淫,未有不生于奢侈者,俭则不至于贪,何从而淫?是俭可以养德,一益也。人之福禄,只有此数,暴殄糜费,必至短促,撙节爱养,自能长久,是俭可以养寿,二益也。醉浓饱鲜,昏人神志,菜羹蔬会,肠胃清虚,是俭可以养神,三益也。奢者妄取苟存,志气卑辱,一从俭约,则于人无求,于己无愧,是俭可以养气,四益也。"(清·高拱京《高氏塾铎》)清人王师晋也在家训中告诉后人:"俭于嗜欲,可以保元育神;俭于言语,可以息是非养精气;俭于饮食,可以养脾胃;俭于思虑,可以一心静志;俭于交游,可以省酬应;俭于忿怒,可以免怨尤。"(《资敬堂家训》)

2. 持家之要诀

勤俭持家是中国的传统美德,也是家庭的经济法则,更是家庭的道德规范。[1]早在《尚书·大禹谟》中,就已有"克俭于家"的训言。宋人林逋认为:"成家之道,曰俭与勤。"(《省心录》)南宋叶梦得更是将俭规定为持家的第一要则,他说:"夫俭者,守家第一法也。"(叶梦得《石林治生家训要略》)清人金缨亦称:"勤俭,治家之本。"(金缨《格言联璧》)近代学者严复更是明确指出:"治家者,勤苦操作矣,又必节食省衣,量入为出,夫而后仓有余粮之积,门无索逋之呼。至于因浪费而举债贷赀,则其家道苦矣!"(《严复集·代北洋大臣杨拟筹办海军奏稿》)

---

[1] 许亚非:《传统勤俭思想与当代道德建设刍议》,《西北师范大学学报(哲社版)》,2003年第6期。

为什么古人如此重视勤俭在治家中的作用呢？这是因为，是否勤俭持家，关系到家庭的贫富、家业的兴衰。在家境贫寒的情况下，只要能做到以俭持家，则贫不足惧，通过节制开支，仍有可能勉强度日。这就是所谓"俭者贫有余"（谭峭《谭子化书》）。而一旦丧失俭德，那么，即使再富有的家庭也会走向破落。"由俭入奢易，由奢入俭难。"（司马光《训俭示康》）在中国历史上，奢侈败家的不乏其例。晋代的何曾，当了太傅，喜欢奢侈，"日食万钱"，还说"无下箸处"，到了孙子一代便因骄奢而家业败落。又如石崇、和珅等人生活奢侈无度，最终引来了杀身之祸。

强调勤俭持家在传统家训中特别明显。"家训"，在历史上又称为"庭训"、"庭诰"、"家戒"、"家规"、"家范"和"家法"等，它是用以规范家庭成员行为、处理家庭事务的一种准则。家训作为传统家庭教育的特殊形式在中国有着数千年的悠久历史，是中国传统宗法社会的一种重要文化现象，也是中华民族传统文化的内在组成部分。具体而言，传统家训所反复申论的"勤"和"俭"主要包括"勤于农事"和"俭以持家"两大方面的内容。

（1）勤于农事

传统家训反复告诫子孙治生当以"农桑"为"本务"，应"务农力本"，通过"力农"以殖财致富。[1] 然而，他们所提出的"力农"、"亲农事"等治生之策，并非要求子孙亲自参加农业劳动，而是要求他们亲自从事"农事"的经营管理，以"守家"、"起家"、"资身"、"力身"。在传统家训文化中，特别是元明时期的家训已经提出了一整套"亲农事"

---

[1] 吴传清：《中国传统家训文化视野中的治生之学》，《中南民族学院学报（人文社会科学版）》，2000年1月。

的具体措施和方法：

首先，选配专职管理人员对"农事"进行管理。庞尚鹏在家训中要求子孙对田庄土地应"亲身踏勘耕管"，对"岁收稻谷及税粮徭差"也应"悉心磨算"，切勿"畏劳厌事，倚他人为耳目"，以至于"菽麦不辨"而"为人所愚"。《庞氏家训》《郑氏规范》更是强调"家长总治一家大小之务，凡事各令子弟分掌"，力倡选定老成有谋者充任总管，"通掌门户之事"，主掌"输纳赋租"，兼管"山林陂池防范之务"、"增拓田业之勤"和"计会财息之任"。霍韬在其家训中也提出在家庭子弟中每年择定一人充任管理"农事"的"纲领"，主管具体的农业生产经营活动；选配一人职任"司货"，主掌窑冶、炭铁及木植等经营活动。

其次，对"农事"加强督促稽核，赏勤罚懒。许相卿在其家训中称"农事"为"民生第一务"，主张对日常的农业生产经营活动当"程督必详，勤惰必究"，根据考核之实绩行赏施罚。庞尚鹏在其家训中也反复强调："人无遗力，则地无遗利"，应选派专职管理人员对农事生产"不时查验，毋令失业"；"随时加察，以验勤惰"。

再次，推广精耕细作的农作方式以提高"农事"的经营绩效。许其卿在其家训中反复强调：只有推广精耕细作的生产方式，才能力保"农事"的兴盛，所谓"风土气候必乘，种性异宜必审，种植耕耨必深，沃瘠培灌必称，芟草去虫必数，壅溉修剪必当必时"。

（2）俭以持家

传统家训文献中关于节俭的训示尤为普遍，都十分强调节俭对治生、持家的极端重要性，并就在家庭经济管理活动中如何实行俭以持家的措施、方案等问题提出了一系列的建议：

首先，用度节俭，力戒奢靡。古人从家庭兴衰的实践中总结出节俭的必要性："起家之人，未有不成于俭而后渐废于侈靡者"（姚舜牧

《药言》);"俭则足用,俭则寡求,俭则可以成家,俭则可以立身,俭则可以传子孙;奢则用不给,奢则贪求,奢则掩身,奢则破家,奢则不可以传子孙。利害相反如此,可不念哉?"(倪思《经锄堂杂志》卷一)不仅如此,他们还从理论上对节俭之道进行了阐述:"俭之为道,第一要平心忍气",这样才不至于"因一朝之忿"与人口角、争斗而酿成官司以致"破家";"第二要量力举事,土木之功,婚嫁之事,宾客酒席之费,切不可好高求胜",否则便会"所费不支",造成破家;"第三要节衣缩食",不要讲求"绮罗之美"、"肥甘之美",这些东西均不是"养生"之好,反而启破家之渐。(朱伯庐《劝言》)

因此,传统家训强调家庭的日常消费应精打细算,崇俭黜奢。如宋人司马光为此写了专文《训俭示康》,告诫儿子"由俭入奢易,由奢入俭难"的朴素道理。许相卿在其家训中反复告诫子孙:"早晚菜粥,午食一肴,非宾祭老病不举酒,不重肉,少未成业,酒毋入唇,丝毋挂身";"器用但取坚整,舟车鞍辔但致远重,勿竞雕巧绚丽,以乘素风"。庞尚鹏在其家训中更是告诫子孙当"禁奢靡":"子孙各要布衣疏食,惟祭祀宾客之会,方许饮食酒肉,暂穿新衣";"亲友往来,拜帖、礼帖、请帖、谢帖,俱单阑,不用封筒";"待客肴不过五品,汤果不过二品,酒饭随宜";"吊丧只用香纸,不用面巾果酒"。

不过,他们对节俭有着原则性的理解,即"丰俭随其财力,则不谓之费"(袁采《袁氏世范》卷二),也就是说"俭"不同于"吝":"悭吝与俭有大别,当于理之谓俭,吝于财之谓悭。……盖俭者,用财不过则之谓,非无良残忍,只知有财而不用之谓也,愿人深辨乎此。"(唐彪《唐翼修人生必读书》)故只要"用财不过则",则"合用万钱者,用万钱不谓之侈;合用百钱者,用百钱不谓之吝"(宋·陆九韶《居家正本制用篇》)。

其次,量入为出,统筹安排。宋人陆九韶在《居家正本制用篇》中说:"故凡家有田畴以赡给者,亦当量入为出。"倪思在《经锄堂杂志》中说:"富家有富家计,贫家有贫家计,量入为出,则不至乏用矣。"明人庞尚鹏在《庞氏家训》中说:"终年经费,量入为出,务存盈余,不许妄用。"许相卿在《许云邨贻谋》中说:"治生量入节用。"清人张英在《恒产琐言》中说:"处承平之日,行量入为出之法,自不致狼狈。"需要说明的是,量入为出与节俭既有联系又有区别,其区别在于量入为出是一种全面的管理方法,它着重于对生活资料进行统筹安排,而节俭则是一种单纯的消费方法,它着重于如何对生活资料进行消费;其联系在于对生活资料进行量入为出的处理则不至于浪费,能更好地节俭,是节俭得以实现的必要手段,这就是古人为什么重视这一原则的关键所在。

量入为出是一种统筹性的管理原则,故它的特点即在于对生活资料进行全面的安排,要考虑哪些东西用于消费,哪些东西用于再生产;哪些东西先用,哪些东西后用;如何备荒,如何应酬等诸多问题。[1] 宋元明清时期的家训对此多有讨论,其中尤以宋人陆九韶的论述最为精要,他认为古之冢宰治国"必于岁之杪,五谷皆入,然后制国用。用地大小,视年之丰耗,三年耕,必有一年之食;九年耕,必有三年之食,以三十年之通制国用,虽有凶旱水溢,民无菜色,国既若是,家亦宜然",因此,"凡家有田畴以赡给者,亦当量入为出,然后用度有准,丰俭得中",这样才会"怨讟不生,子孙可守"。随后他开列了居家量入为出的详细条目:"今以田畴所收,除租税,及种盖粪治之

---

[1] 朱明勋:《宋元明清时期家训中的理财思想及其经济性质》,《晋阳学刊》,2007年第3期。

外,所有若干,以十分均之。留三分为水旱不测之备,一分为祭祀之用,六分为十二月之用。取一月合用之数,约为三十分,日用其一,可余而不可尽用。七分为得中,不及五分为啬。其所余者,别置簿收管以为伏腊裘葛、修葺墙屋、医药、宾客、吊丧、问疾、时节馈送。又有余,则以周济邻族之贫弱者,贤士之困穷者,佃人之饥寒者,过往之无聊者。"他还补充说,上述所谓的"留三分为水旱不测之备"乃"为丰余之多者制也,苟所余不能三分,则有二分亦可;又不能二分,则存一分亦可;又不能一分,则宜撙节用度,以存赢余",唯有如此,处家方"可长久,不然,一旦有意外之事,必致破家矣"。上述所谓的"六分为十二月之用,以一月合用之数,约为三十分者,非谓必于其日用尽,但约见每月每日之大概,其间用度,自为赢缩,惟是不可先次侵过,恐难追补,宜先余而后用,以无贻鄙啬之讥"。这是就田多人家而论的。至于那些"田畴不多,日用不能有余"者,则当"一味节啬,裘葛取诸蚕织,墙屋取诸蓄养。杂种蔬果,皆以助用。不可侵过次日之物,一日侵过,无时可补,则便有破家之渐";"其有田少而用广者,但当清心俭素,经营足食之路。于接待宾客,吊丧问疾,时节馈送,聚会饮食之事,一切不讲。"他说这里所谓的"一切不讲者,非绝其事也,谓不能以货财为礼耳。如吊丧,则必以先往后罢为助;宾客,则樵苏供爨清淡而已"。至于奉亲,虽为大者,然"啜菽饮水尽其欢"亦可谓之孝;祭祀,虽为严者,然"蔬食菜羹"亦可谓之敬。倘"凡事皆然,则人固不我责,而我亦何歉哉。如此,则礼不废而财不匮矣"。(陆九韶《居家正本制用篇》)

陆氏的这番言辞,是我国现存家训文献中最早以"量入为出"原则细论家庭理财的理论,它对我国重伦理的小农经济性的家庭是十分适用的,因为倘能行此,则可"礼不废而财不匮"。故此理论一经问世,便得到了当时及后世许多人的推崇、仿效。如其后的倪思在所著《经锄堂杂志》中就立有"岁计"、"月计"两章,专谈如何按"岁"按"月"进行理财,他说:"富家有富家计,贫家有贫家计,量入为出,则不至乏用矣",并将"家之所用,分而为二",令子弟分掌,"其日用收支为一,其岁计分支为一。日用以赁钱俸钱当之。每月终,白尊长。有余则趱在后月,不足则取岁计钱足之。岁计以家之薄产收入当之。岁终,以白尊长。有余则来岁可以举事,不足则无所兴举。可以展向后者,一切勿为,以待可为而为之。"这番安排,显然是受到了陆九韶的影响。元代郑太和的《郑氏规范》中也有数条是关于按月按岁理财的。清人张英在《恒产琐言》中更说:"居家简要可久之道,则有陆梭山量入为出之法在","陆梭山之法最详,即百金之产,亦行此法"。其在所著的另一家训名篇《聪训斋语》中亦言:"生平最喜陆梭山过日治家之法,以为先得我心,诚仿而行之,庶几无鬻产荡家之患。"曾国藩也说:"尔辈以后居家,须学陆梭山之法,每月用银若干两,限一成数,另封秤出。本月用毕,只准赢余,不准亏欠。"(张英《恒产琐言》)可见陆九韶这种理论的影响之大。

第三,簿记入账,加强核算。传统家训中有关生活资料的管理除上述两条原则外,还实行簿记入账法,即将每日、每月、每年的收入和支出均记录在册,以便核对,既便于理财,也避免引起家人对财产问题的纠葛,具有原始财会的性质。[1]这一理财方法主要见于少数多世同堂的大家庭的家训中,其代表著作有宋人袁采的《袁氏世范》、元人郑太和的《郑氏规范》、明人许相卿的《许云邨贻谋》和庞尚鹏的《庞

---

〔1〕 朱明勋:《宋元明清时期家训中的理财思想及其经济性质》,载《晋阳学刊》,2007年第3期。

氏家训》等。《郑氏规范》提出在子孙中择定二名"廉谨子弟"专司财会之职责,"所出所入皆明白附簿";选配二名"廉干子弟"主管"营运之事","岁终会算,通计其数,呈于家长,严加关防,察其私滥"。许相卿主张对租赁、杂货、积贮、宾师、婚丧、修造等收支情况,既要"总立家储簿",又要各项分立账簿严加监督。庞尚鹏在家训中对账簿管理作了更明确、具体的规定:"置岁入簿一扇,凡岁中收受钱谷,挨顺月日,逐项明开",定期统计,"终年经费,量入为出,务存盈余,不许妄用";"置岁出簿二扇,一扇为公费簿,凡百费皆书,一扇为礼仪簿,书往来庆吊祭祀宾客之费",定期"结一总数左方,不许涂改及窜落"。

因此,古人以簿记的方式理财,并不像我们想象的那么简单,而是分工细密,管理严格,一家中凡与财产有关的事项,无论大小,几乎尽括其中,且其核算方式在当时的条件下亦为"科学"。

3. 治国之法宝

"历览前贤国与家,成由勤俭败由奢"(李商隐《咏史》)。勤俭是一个民族或一个国家长期兴旺发达的基础。翻开中国历史,我们会发现这样一种奇怪的历史循环:每个王朝伊始,开国君主们无不励精图治,极力发展生产,厉行节约,几代之后,当社会财富积累到一定程度,国富民强、王朝鼎盛之后,一种普遍的腐败开始盛行,皇帝穷奢极欲,官府横征暴敛,国

家很快出现财政危机,于是民不聊生,纷纷揭竿而起,国家内忧外患,战乱频仍,几番动荡之后,旧的王朝土崩瓦解,新的王朝开始诞生,又一轮历史循环重新开始……要想国家长治久安,就必须坚持勤俭治国。

"勤政"是古代为政者一项基本的政治品德。早在西周初年,周公鉴于殷纣王朝覆灭的教训,就强调勤政的重要性,并且身体力行。他对儿子伯禽说:"我文王之子,武王之弟,成王之叔父,我于天下亦不贱矣。然我一沐三捉发,一饭三吐哺,起以待士,犹恐失天下之贤人。"(《史记·鲁周公世家》)历代帝王对勤政以求治平天下的意愿也多有表露。如汉武帝刘彻说:"今朕获奉宗庙,夙兴以求,夜寐以思……何行而可以章先帝之洪业休德,上参尧舜,下配三王!"(《汉书·武帝纪》)表现了积极求治的强烈愿望。唐太宗李世民说:"天下稍安,尤须兢慎,若便骄逸,必至丧败。今天下安危,系之于朕。故日慎一日,虽休勿休。"(《贞观政要·论政体》)明太祖朱元璋也在遗诏中说,自己"上应天命",在位"三十有一年,忧危积心,日勤不息,务有益于民"(《明史·太祖纪下》)。清圣祖玄烨更是把勤政作为治国安民的重要途径,他说:"朕莅祚以来,孜孜图治,罔有暇逸。惟期裨益国家,乂安兆庶。"(《圣祖仁皇帝圣训·圣治》)具体说来,古人勤政治国主要体现在以下几个方面:

一是忧勤天下。"忧勤"是古代为政者心忧天下、勤政不息的政治责任感,是为政者励精图治的重要心理特征。汉司马相如指出:"夫王事固未有不始于忧勤,而终于佚乐者也。"(《史记·司马相如列传》)宋儒石介说:"夫忧勤天下者,圣人之心也;安乐一身者,匹夫之情也。心忧乎天下,则骄奢淫佚、邪乱非僻之志无自入也。"(《忧勤非损寿论》)张载也说:"为政必身倡之,且不爱其劳,又益之以不倦。"

(《正蒙·有司篇》)对"忧勤"感受最深的莫过于唐太宗李世民。他曾经问魏征:"朕克己为政,仰企前烈。至于积德、累仁、丰功、厚利,四者常以为称首,朕皆庶几自勉。人苦不能自见,不知朕之所行,何等优劣?"(《贞观政要·君臣鉴戒》)他时常有一种危机感,唯恐政策有误,遗害天下,因此慎重忧劳,兢兢业业,不敢懈怠。他曾对裴寂说:"比有上书奏事,条数甚多,朕总粘之屋壁,出入观省,所以孜孜不倦者,欲尽臣下之情。每一思政理,或三更方寝。"(《贞观政要·论求谏》)这种"克己"、"出入观省"的政治责任感无疑是实现励精图治的重要心态条件。[1]

二是勤于政事。"业精于勤,荒于嬉。"为学如此,为政亦然。古之贤哲早就认识到"勤政"的重要性,也早就认识到荒政怠政的严重危害。《荀子》中讲:"凡百事之成也,必在敬之;其败也,必在慢之。"《韩非子》中也说:"不务听治,而好五音不已,则穷身之事也。"大禹治水,吃苦耐劳,励精图治,三过家门而不入,被奉为中华民族集勤劳、勇敢、智慧及大公无私等美德于一身的古代英雄;后汉光武帝刘秀"每旦视朝,日仄乃罢。数引公卿、郎、将讲论经理,夜分乃寐"(《后汉书·光武帝纪下》),成为历代帝王敬业勤政的典范;诸葛亮为辅佐刘备父子复兴汉室,"鞠躬尽瘁,死而后已",被历代知识分子奉为楷模。为突出或警示为政当勤,历代王朝在名目繁多的皇宫建筑中都要有一处名为"勤政楼"、"勤政殿"之类的殿宇。在考核官员时,历代统治者也非常重视"勤"之一字,往往要分出勤、平、怠等不同等级,而且三年一小考、五年一大考。[2] 相反,曾经创造大唐盛世的唐玄宗后期

---

[1] 葛荃:《中华文化通志·政德志》,上海人民出版社,1998年,第167页。
[2] 危兆盖:《"清"、"慎"、"勤"的解读》,《人民论坛》,2006年2月。

由于怠于政事,不理朝政,专以声色自娱,陶醉于温柔乡里,终于导致安史之乱,导致大唐江山由盛转衰。

三是爱民恤民。爱民恤民是勤政的宗旨和归宿。古人关于爱民恤民的重民思想,至少可以追溯到西周初年的周公那里。周公历经沧桑之变,目睹了"前徒倒戈"事件,深感小民不可忽视,因此要求当权者"知稼穑之艰难"、"知小民之依"、"怀保小民,惠鲜鳏寡"(《尚书·无逸》)。重民之说在先秦诸子中也很普遍,法家、道家、杂家等都论述过重民问题。如《吕氏春秋·顺民》说:"凡举事必先审民之心,然后可举。"当然,最提倡重民的是儒家。孔子"所重:民、食、丧、祭"(《论语·尧曰》),民是排在第一位的。孟子更是提出了"民贵君轻"的思想。这些认识在实际政治运行中就要求施仁政,即轻徭役,薄赋税,轻刑法,取之有道,用民有度。如明太祖朱元璋在建立政权的过程中,深知爱民恤民的重要性,他告诫地方官吏说:"天下始定,民财力俱困,要在休息生养,惟廉者能约己而利人,勉之。"(《明史·太祖本纪二》)他极其推崇孔子的恤民主张,认为孔子所说的"使民以时"、"节用而爱人"等是"治国之良规","孔子之言,诚万世之师也"。(《明太祖实录》卷二十)

古人在提倡勤政的同时,也强调以俭治国,行俭约之政。主要表现在以下几个方面:

一是以俭助廉。清正廉明的清廉精神,被古人视为"国之大维"、"为政之本"和"为官之宝",它要求为官之人洁身自好,立心为公,不谋私利,不徇私情。而节俭的品德有助于培养清廉精神。《宋史·范纯仁传》指出,"惟俭可以助廉",意即节俭可以促使官员廉洁奉公。因为贪污纳贿,不廉洁,往往是由贪得无厌、迷恋奢侈生活引起的,而俭朴的德行有助于抑制这种过分的欲望,也就不易被一些腐朽思想所腐蚀。一个人在俭朴的生活中,就容易培养和形成一种淡泊和廉洁的思想品德。历代为人们所传颂的廉正清官,都源于"节欲"、"寡欲"。唐朝宰相卢怀慎可谓典型,他以身示范,厉行节约,从不置家产,不穿华美的衣服,也不用金、玉器物。身处相位,妻子儿女却如同生活在贫寒之家。在洛阳主持选考官员,随身带的用具,只有一只布口袋。招待客人时,桌上只有蒸豆两碗,蔬菜几碟。他死时,家中竟没有一点积蓄,身边只有一个老仆人卖身为他办了丧事。宋代著名政治家范纯仁,也是一位封建社会的清官,他说:"惟俭事可以助廉。"他的一生,对他人总是慷慨无私、解囊相助,而自己的生活,则一直十分俭朴。正是因为俭朴的作风和廉洁奉公的精神,才最终成就了他们的一世英名。又如明朝清官海瑞外任地方大员时,规定自己每餐饮食连同柴米等费用不超过三钱,物价便宜的地方不超过二钱。正是这些清官生活上的"节欲"、"寡欲",促成了他们政治上的清廉刚正。

二是以俭治国。如果说以俭养廉是对各级官吏的道德要求,以俭治国就是对君主的要求。在中国历史上少有的几个盛世中,君主几乎无一例外地都高举廉政的旗帜,如汉文帝、唐太宗、清世祖等就是典型。他们不但对臣僚提出廉政的要求,自己也是廉政的表率,因而对当时清廉政风、淳朴世风的形成产生了积极的影响。譬如汉文帝弃修百金之露台,影响何止于当时。又如唐太宗与魏征君臣认识到"崇饰宫宇,游赏池台,帝王之所欲,百姓之所不欲",一生都保持"衣无锦绣"的俭朴之风,其影响也及于后世。又如隋文帝杨坚统一全国之后曾告诫太子杨勇:"历观前代帝王,未有奢华而得长久者。汝当储后,若不上称天心,下合人意,何以承宗庙之重,居兆民之上?吾昔日衣服,各留一物,时复看之,以自警戒。今以刀子赐汝,宜识我心。"(《隋书·杨勇传》)可惜,隋文帝另一个儿子杨广(隋炀帝)掌握了政权之后,却忘记了其父杨坚的教诲,对民众横征暴敛,生活上骄奢淫逸,终于导致众叛亲离,危机四伏,断送了隋王朝的命运,他本人也成为因奢侈腐化而亡国丧身的民贼独夫的典型。宋朝开国皇帝赵匡胤与其弟宋太宗赵光义也都身体力行倡导节俭风尚。针对皇后与公主所说的"官家作天子日久,岂不能用黄金装肩舆,乘以出入?"赵匡胤则说:"我以四海之富,宫殿悉以金银为饰,力亦可办,但念我为天下守财耳,岂可妄用。古称以一人治天下,不以天下奉一人。苟以自奉为意,使天下人何仰哉?当勿复言。"(《续资治通鉴长编》卷十三)988年,赵光义手诏诫次子元僖等:"即位以来,十三年矣。朕持俭素,外绝畋游之乐,内却声色之娱,真实之言,故无虚饰。汝等生于富贵,长自深宫,民庶艰难,人之善恶,必恐未晓,略说其本,岂尽余怀。夫帝子亲王,先须克己励精,听卑纳谏。每著一衣,则悯蚕妇,每餐一食,则念耕夫。至于听断之间,勿先恣其喜怒。"(同上,卷二十九)要子女不忘创业之难。他甚至还说:"汝以奇巧为贵,我以慈俭为宝。"(同上,卷三十二)

三是强本节用。孔子将节用视为一项治国纲领,他认为"政在节财"(《史记·孔子世家》)。南宋的叶适作为研究"功利之学"的永嘉学派的集大成者,继承并发展了前人的富国论。他主张国家财政开支量入为出,而且应合理地取得"入",否则将会损害人民的利益,他认为:"国家之体,当先论其入。所入或悖,足以殃民,则所出非经,其为蠹国,审矣。"节用可以通过增加国家和百姓的财富积累,促进生产发展达到富国富民的目的,所以,节用和经济发展密切相关,是经济发展的一个重要条件。首先,节用可以增加财富积累以备灾荒,保证经济的可持续发展。墨子认为:"备者,国之重也"。"仓无备粟,不可以待凶饥。库无备兵,虽有义不能征无义"。怎样才能具有充足的储备? 一是抓紧生产,"生财密",二是坚持节用,"用之节":"故夏书曰'禹七年水',殷书曰'汤五年旱',此其离(罹)凶饿甚矣,然而民不冻饿者何也? 其生财密,其用之节也。"(《墨子·七患》)荀况更清楚地论述了节用对

于增加积累,维持可持续发展的重要意义,他说,人的欲望没有止境,有头脑的人都知道节制自己的消费,以防止生产和生活出现无以为继的情况。而"偷生浅知"之人,不知道"长虑顾后",肆意挥霍,结果就难"免于冻饿",转死于沟壑之中:"今人之生也,方知畜鸡狗猪彘,又畜牛羊,然而食不敢有酒肉。余刀布,有囷窌,然而衣不敢有丝帛。约者有筐箧之藏,然而行不敢有舆马。是何也? 非不欲也,几不长虑顾后,而恐无以继之故也。……今夫偷生浅知之属,曾此而不知也,粮食大侈,不顾其后,俄则屈安穷矣。是其所以不免于冻饿,操瓢囊为沟壑中瘠者也。"(《荀子·荣辱》)张居正也从防止以后无以为继的角度劝说明神宗节用:"方今天下民穷财尽,国用屡空,加意撙节,犹恐不足,若浪费无已,后将何以继之?"(《请停止内工疏》)其次,节用可以促进生产的发展,使财富增加。儒家经典《大学》认为:"生财有大道,生之者众,食之者寡,为之者疾,用之者舒,则财恒足矣。"这里的"食之者寡"、"用之者舒",都含有节用的意思,把节用看成生财的重要因素。墨子更强调节用对增加财富生产的重要作用,他说:"圣人为政一国,一国可倍也;大之为政天下,天下可倍也。其倍之,非外

取地也,因其国家,去其无用之费,足以倍之。"(《墨子·节用上》)在这里,墨子把"去其无用之费"即节用看作成倍地增加国家财富的基本手段。法家代表人物韩非也把节用看成增加收入的一个重要条件,他说:"侈而惰者贫,而力而俭者富。"(《韩非子·显学》)又说:"利商市、关梁之行,能以所有致所无,客商归之,外货留之,俭于财用,节于衣食,宫室器械周于资用,不事玩好,则入多。"(《韩非子·难二》)荀况也说:"强本而节用,则天不能贫;……本荒而用侈,则天不能使之富。"(《荀子·天论》)

四是爱惜民力。古代社会的经济主要是农业经济,因此,"重农"几乎成为各个朝代的首要国策。如南宋朱熹继承汉儒重本抑末思想,把重农纳入"王政"的范畴,主张以重农主义作为国家处理生产部门之间关系的道德原则。他说:"农事至重,人君不可以为缓而忽之","生民之本,足食为先,是以国家务农重谷,使凡州县守皆以劝农为职"。(《朱文公文集·劝农文》)并进一步强调:"民生之本在食,足食之本在农,此自然之理也"。(同上)朱熹认为维持"民"的生存和再生产的根本在于"食"即吃饭,如果没有饭吃,"民"流离失所,不能从事农业生产劳动,自然就不能创造社会财富。他把财富的根源归结为劳动生产,尤其是生产生活资料的农业是最主要的财富生产部门。鉴于这种情形,朱熹提出了"足食之本在农"的经济主张。针对当时经济发展过程的"背本趋末"现象和社会粮食储备不足的情形,朱熹强烈呼吁国家应"务农重谷",州县官吏也应以劝农作为自己的重要职责。为了勤用劳力和不误农时,朱熹在知南康军和知漳州时,曾发布《劝农文》以指导农业生产。而与重农相联系的则是土地和农民的负担问题,所以勤俭治国的统治者大都轻徭薄赋,这样一方面可以让人民休养生息,得到土地、生产资料和劳动时间,缓和阶级矛盾,以便提高农民劳动生产的积极性,使他们比较安定地从事生产,发展社会经济,充实国库,为解决其他问题创造条件;另一方面,豁免赋税,减轻农民负担,让农民觉得农业生产有利可图,而不必铤而走险,亡命天涯,威胁统治者的统治。

三、勤俭美德的当代价值

勤俭既是中华民族的优良传统,也是现代文明的内在诉求。它作为中国传统伦理思想中一颗光彩照人的明珠,在我国加强社会主义现代化建设的今天,依然闪烁着耀眼的光辉,具有不容忽视的当代价值。

1. 勤俭与公民道德建设

勤俭作为一种传统美德,一种道德信仰,一种生活态度,一种人生境界,表现形态众多,如在品德上表现为要热爱劳动,乐于奉献;工作上表现为吃苦耐劳,兢兢业业;学习上表现为勤奋好学,刻苦攻关;事业上表现为开拓进取,艰苦创业;意志上表现为坚韧不拔,奋发向上;生活作风上表现为勤劳俭朴等等。它们是公民个体道德的根基。有了这个根基,人便能够积善成德,日臻完美。

2002年初,党中央颁布了《公民道德建设实施纲要》,提出了公民道德建设的基本内容:爱国守法、明礼诚信、团结友善、勤俭自强、敬业奉献。勤俭被列为十个基本道德规范之一,这一方面表明党对于勤俭作为一项基本道德素质的重要意义的肯定,另一方面也表明勤俭对于完善公民道德具有重要的现实意义和积极的促进作用。

(1) 勤是加强道德修养、培养道德品质的重要基础

"不惰者,众善之师也。"(葛洪《抱朴子·广譬》)勤是进德、修业、立身之本。作为一种克服人性弱点的道德理性,勤是提高人生境界、培养道德品质的重要基础。这是因为,人的道德品质的提高,既是一个认知、内化的过程,又是一个践履的过程,在这个过程中,没有勤奋的精神特质是不可想象的。韩愈就从认知、内化过程,看到了勤奋对人之为人的重要作用。他说:"人之能为人,由腹有诗书,诗书勤乃有,不勤腹空虚。"(《韩昌黎全集·符读书城南》)只有勤奋学习的人,才能把社会的道德规范、公共准则内化为内心信念,人的境界才会提高。儒家认为,圣人或许不需要勤奋地去学习、体认和践履就能达到极高的境界,即所谓"不勉而中,不思而得,从容中道";但普通人的德性境界的提高都需要经过一个"择善而固执之"的过程,具体说来,就是要经历一个"博学之、审问之、慎思之、明辨之、笃行之"的过程。而要完成这一过程没有勤奋和持之以恒的精神是不可能实现的,所以,儒家说:"有弗学,学之弗能,弗措也。有弗问,问之弗知,弗措也。有弗思,思之弗得,弗措也。有弗辨,辨之弗明,弗措也。人一能之,己百之;人十能之,己千之。果能此道矣,虽愚必明,虽柔必强。"(《中庸》第二十章)这里的学、问、思、辨即属于认知、内化过程,笃行则属于践履的过程,不管怎样,都必须要能做到"人一己百",要有不达目的决不罢休的精神,人才能够实现由愚到明、由柔到强的转化,人的品质和境界才能达到理想的境地。这对我们不无启示。

第一,要培养积极进取的精神风貌。勤是一种积极上进的生存状态和生活态度,是一种不断进取、自强不息的精神状态。"学之广在于不倦,不倦在于固志。"(葛洪《抱朴子·崇教》)勤作为人的一种精神力量,首先来自崇高的理想,因为理想的实现要靠勤奋学习和勤

奋工作；勤作为一种精神力量，来自对生活的热爱和信心，因为美好的生活要靠我们每一个人的勤奋劳动去争取、去创造；勤作为一种精神力量，还来自对他人、对自己的爱，因为高尚纯洁的爱需要勤去呵护和维系。正因为勤是一种精神力量，所以人在艰苦的工作中，才不感到苦，才不感到累。革命志士和劳动模范，之所以抛头颅、洒热血也在所不惜，一个人能干几个人的活，一年能干几年的活，吃糠咽菜也不叫苦，就是因为有一股巨大的精神力量支撑着，有一个远大的理想牵引着。如果只是为物质利益驱动，也可能很卖命地干活，但是一旦物质利益得到了，勤奋也就随之消逝。为了生存，为了赚钱，人可能显出一时的吃苦耐劳，一时的艰苦奋斗，但那与勤是有本质区别的。勤是一种自觉自愿的有目的的理性活动，是出于对责任的尊重和敬畏，是为强烈的责任意识所支配的。正因为勤是一种理性的活动，所以勤是一种生命的基调，不是一时一事的冲动。

　　第二，要保持勤奋好学的学习状态。勤是精神的，又是实践的。说勤是实践的，是因为勤是在行为主体的学习实践、生活实践、劳动实践、科研实践中体现出来的。没有具体的实践则无从体现勤。勤的行为是人的内在精神的外显，从勤的言行可以推测出行为主体的精神境界。因此，要将作为德性的勤，自始至终贯穿于人生各个时期的重要活动中。一个人能否成就自己的事业，最重要的就是看他能否竭尽能力、持之以恒地不断努力。一个人只要能持之以恒、勤奋努力，就必然能在事业上取得成就。一个本是"柔弱"的人，只要能勤，就能够成为一个坚强的人；一个本是"愚笨"的人，只要能勤，就能够成为一个聪明的人。人的生命的自然过程是有限的，如何充分利用和挖掘这有限时间的潜能，就靠勤了。勤能增加单位时间的工作效率，勤能使生命的意义和价值得到充分实现。勤和美好、正义、进步、善良、崇高总是联系在一起的,勤是对美好、正义、进步、善良、崇高孜孜不倦的追求,勤是实现美好、正义、进步、善良、崇高的艰苦卓绝的实践通道。通过勤的铺路,人的最基本的人格特质便能逐步得以形成,勤的过程就是完善自我的实践过程。

第三,要培养敬业乐业的职业道德。中华民族具有艰苦奋斗、勤劳创业的优良传统,"忠于职守、敬业乐业"是这一传统在职业道德中的集中体现。忠于职守反映的是坚守在自己的工作岗位上勤奋工作、忠实地履行自己应尽的社会职责。其精神实质,就是把职业当作自己的事业,兢兢业业地为之奋斗,终身不懈。因此,忠于职守,敬业乐业表现了人们的高度的社会责任感和历史使命感,是人们在职业活动中的高尚品德。对此,先贤们作过许多论述。"儒家认为,尽本分就是尽本性,勤奋工作,它既是对心态的锻炼,同时也是道德修养、道德完善的过程。"[1]早在春秋时期,孔子就提出"敬事而信"(《论语·学而》),后来《礼记·学记》更明确提出"敬业乐群"一语,其所谓"敬事"、"敬业"均指的是忠于职守、全心全意地做好自己的工作。朱熹说:"敬者何?不怠慢、不放荡之谓也。"(《朱子语类》卷一一九)这种"不怠慢、不放荡"的敬业精神,正是从业人员做好本职工作所应具备的思想品德。故朱熹又说:"敬字工夫,乃是圣门第一义……无事时,敬在里面;有事时,敬在事上;有事无事,吾之敬未尝间断。"(《朱子语类》卷十二)只有做到敬业,才能产生巨大的思想动力,进而达到乐业,自觉地"乐事劝功",并由此产生"勤业"、"精业"意识。敬业、乐业、勤业、精业意识,是做好一切工作的思想基础。从业人员只有具

---

[1] 唐凯麟、张怀承:《成人与成圣——儒家伦理道德精粹》,湖南大学出版社,1999年,第216页。

备这一品格,才能做好本职工作。这种敬业精神,对于我们今天的职业道德建设仍具有十分重要的借鉴意义。

第四,要倡导勤劳致富的正确观念。古人提倡勤俭致富,认为"富贵必从勤苦得"(杜甫《柏学士茅屋》);"富贵本无根,尽从勤里得"(冯梦龙《醒世恒言》);"勤俭富贵之本,懒惰贫贱之苗"(史襄哉《中华谚海》);"不义而富且贵,于我如浮云"(《论语·述而》)。但是,在现实生活中,不少人希望能坐享其成,少劳多获,甚至不劳而获;他们梦寐以求的是一夜暴富,而不是通过自己的辛勤劳动创造财富。有些人甚至为了致富不择手段:坑蒙拐骗、假冒伪劣、贪污受贿、偷税漏税、抢劫偷盗,乃至杀人越货。因此,在全社会倡导勤劳致富的价值观具有重要的意义。

(2) 俭是提高人生境界,养成道德品行的重要根基

《易传》云:"天行健,君子以自强不息;地势坤,君子以厚德载物。"自强不息反映了君子勤奋不已的劳动态度,厚德载物则外化了君子俭朴惜物的精神本质。尚俭作为一种美德,自从春秋战国以来,一直为历代思想家们所推崇。他们大多认为,俭奢是产生善恶的根源,提倡节俭可以促进善,杜绝奢侈能够除却恶,同时主张用理智、道德规范来约束和控制人的欲望,反对过分追求感官享受和物质消费,以合理节制人性欲望,实现尚俭杜奢的伦理目标。以俭律行,则作风严谨,态度谦和;以俭警心,则戒骄戒躁,淡泊宁静;以俭养德,则襟怀坦荡,气度宽宏。

第一,要善于克制自己的欲望。"勤俭一源,总在无欲,无欲自不敢废当行之事,自无外礼之费,不期勤俭而勤俭矣。"这是清初大儒孙奇逢在《孝友堂家训》中回答学生的话语,表明节俭能对各种自发的物质欲望进行节制,从而奠定道德自律的基础。孟子说:"养心莫善

于寡欲。"(《孟子·尽心下》)意思是说,修养心性的最好方法是清心寡欲,其中寡欲就意味着节俭杜侈。诸葛亮进一步提出"俭以养德"的思想。他在《戒子书》中写道:"夫君子之行,静以修身,俭以养德,非淡泊无以明志,非宁静无以致远。"这是说道德高尚的人,通过内心宁静涵养其心灵,通过节俭培养其品德。不能够恬淡寡欲,就不能纯洁心灵。若不能排除心中的物欲干扰,就不能坚定远大的志向。"物用俭则易足,易足则力有余,有力则情志臻。"(欧阳询等《艺文类聚·性命》)"俭以养德"更深层的含义就是,通过理智来淡化人的物质欲望,节制人对物质享受的过分追求,使这种追求合于道德,合于情理,合于礼义。把感官快乐和享受放在人生价值的第二位,把追求远大美好的理想、志向、人格作为人生的第一目标。相反,奢侈则意味着纵欲,易于养成贪欲无度,多求妄用,慕恋虚荣,放浪不羁的心态,动摇道德人格的根基。"奢者妄取苟求,志气卑辱,一以俭约,则于人无求,于己无愧"。节俭便可以坚持操守,做到"富贵不能淫,贫贱不能移。"故曰:"志以淡泊明,节以肥甘丧。"

第二,要养成理性的生活态度。人的欲望是无止境的,无论是物质上的欲望,还是精神上的欲望,无节制地任其发展,则是恶的滋生与蔓延。常言道欲望难平,膨胀了的欲望会把人性淹没,会把人的善行和良知无情地吞噬。理智的俭,自觉的俭,才是理性对欲望的最有效的限制。在日常生活中,具有节俭的品德的人,自然多福少祸,"俭则常足,常足则乐而得美名,祸咎远矣;侈则常不足,常不足则忧而得訾恶,福亦远矣。"(田况《儒林公议》卷上)因为懂得节俭的人,不会有太多的贪欲,就容易知足常乐。孔子说:"饭疏食饮水,曲肱而枕之,乐亦在其中矣;不义而富且贵,于我如浮云。"(《论语·述而》)反之,贪心太重,就永远无满足之时,也就不可能有很好的人生乐趣,

"奢者富不足,俭者贫有余;奢者心常贫,俭者心常富。"(《慎子·外篇》)如果穷奢极欲,那必然会祸害无穷。"侈不可极,奢不可穷,极则有祸,穷则有凶。"(邵雍《奢侈吟》)正如肖伯纳所说:"节俭是一门艺术,它能使人最大程度地享用生活。热爱节俭是一切美德的根本。节俭的生活还能使人降低奢望,抑制贪欲,减少烦恼,从而增进生活的幸福感。"

第三,要不断提高人生境界。人的生活离不开物质和精神两个方面。节俭就是要求把高尚的精神追求,如人格、理想、事业放在第一位,而把人的物质享受放在第二位。如果把人格、理想和事业放在次要的地位,认为可有可无,而把满足感官的快乐放在第一位,把对财富的占有和挥霍视为人生的最高目的,那么,整个宝贵的人生将停留在物欲化的需求层次上,人生将感到无聊空虚而陷入深刻的精神危机中。"今朝有酒今朝醉,明日无酒醉自休"、"尽一生之欢,穷当年之乐",自然会滑到拜金主义和享乐主义的泥坑里去,成为物欲的奴隶,沉溺于声色,玩物而丧志。更严重的是,放纵物欲,往往令人丧失理智,为了感官欲望的满足,就会不择手段,甚至不惜出卖自己的灵魂,贪赃枉法,行贿受贿,偷盗抢劫,胡作非为。正如《国语·鲁语下》所说:"劳则思,思则善心生;逸则淫,淫则忘善,忘善则恶心生"。那些骄奢淫逸的人们,往往会在奢侈无度中,落得个丧身、败家乃至于亡国的悲惨下场。古往今来的种种教训,充分证明了这一点。也就是说,勤俭精神的丧失,往往使人受内在欲望的摆布,从而不能真正把握自己的命运。

第四,要培养合理的消费观念。合理的消费是指合乎理性的、有节制的、有益于人身心健康的消费,它与盲目的、挥霍无度的、无益于人身心健康的奢侈性和炫耀性的消费相对立。"随资产之多寡,制用度之丰俭。合用万钱者,用万钱不谓之侈;合用百钱者,用百钱不谓之吝。"(陆九韶《居家正本制用篇》)这种消费观首先是量入为出,根据自己的收入水平和社会平均消费水平进行消费。同时,它既反对对物质财富一味地吝惜,又不赞成对物质财富毫无节制地消耗滥用,是一种使消费者既不为清贫所迫,又不为物质所累的消费观。它克服了吝啬消费观和奢侈消费观的偏颇,体现了人类的理性精神和道德自律,符合现代社会经济发展的要求,是一种理想的消费观。要做到合理消费,在量上,是适度的;在质上,要注重精神文化品位。因为物质上的过度消费并不一定能给人带来精神上的享受和乐趣,而能否拥有较为充实的精神生活是合理消费的重要标准。因此,合理消费观是一种物质消费与精神消费相统一的消费观念,它有利于人们尤其是青少年健康人格的形成和丰满个性的发展。

2. 勤俭与勤政廉政建设

自古以来,勤政廉洁是政治道德的基本规范,也是对为政者的基本要求。"当官之法,唯有三事:曰清,曰慎,曰勤。"(陈宏谋《从政遗规·舍人官箴》)勤政廉洁作为"为政之本"和"为官之纲",要求为政者勤于政事,励精图治,不贪财货,不谋私利,立身清白。勤政与廉政往往相伴而生,为政者倘能清廉自守,严以律己,多半能够勤政为民、造福社会。

中国共产党是传统政治道德的继承者和弘扬者,并且把勤政廉洁精神提升到一个新的高度。老一辈无产阶级革命家在勤政廉政方面为我们作出了表率。例如,周恩来是党的勤政廉政建设的倡导者和实践者。他勤俭节约,廉洁自律,虽然身居高位,从不谋取私利。在一些人看来,自己在战争年代流过血,负过伤,出生入死,革命成功后,作为有功之臣,享受点特殊待遇,是应该的事。而在周恩来看来,为人民出生入死、建功立业,是共产党员应尽的责任、义务和本分,把功劳作为向人民索取报酬,向党讨价还价的资本,则是革命意志衰退的开始,是党性不纯的表现。周恩来带头严格遵守国家的各项法律,不搞半点特殊。他平时外出,喝茶、吃饭等都是自己付钱;个人用车,也要自付汽油费,如司机忘了记账则会受到严厉批评。凡是送给他的礼品,一律退回,不能退的,自己付款后交有关部门处理。他从不利用手中的权力为自己或亲友谋取任何私利,就是对国家制度规定范围内他应享受的待遇,也常常觉得这些待遇"过了",而居之不安,尽可能降低标准。

又如,陈毅作为我国老一辈的无产阶级革命家、政治家和军事家,其清正廉洁、艰苦朴素的风范,成为广大党员干部学习的楷模。新中国成立以后,陈毅既是华东军区第三野战军司令员,又是上海市市长,手中掌握着很大的权力,但是他在胜利面前,一直保持着清醒的头脑,严格地要求自己,继续保持艰苦奋斗的优良传统,从不占公家的便宜,不滥用手中的权力为自己或亲属谋取私利。他任上海市市长后,一些亲朋好友都来找他,有的要他介绍工作,有的找他解决具体困难,他都耐心开导,从不利用手中的职权办私事。他曾对市委的干部说:"干部亲属好友的言行,在群众中有很强的说服力。"在生活上,他也非常俭朴,无论在上海或者是去北京开会,总是穿那件褪了色的旧军装。他有一件黄线呢制服,穿了十多年,破了几个洞,他要管理员补了又补。那时实行供给制,买件新衣服是可以报销的,但陈毅就是不许管理员去买新的。他的伙食也十分简单,几小碟菜加上辣椒,伙食费从来不超过标准。他对管理员说:"我们的国家远不富裕,我们平时的家庭生活要同普通老百姓一样。"正是因为有这样的胸怀,严格要求自己,陈毅的高风亮节影响了整整一代人。"清风从君始",陈毅的形象成为解放初期广大干部的榜样,熏陶了一代干部队伍。

近年来,随着国民经济的发展和生活水平的提高,一些党员干部淡忘了党的勤俭节约、艰苦奋斗的好传统,奢侈享乐之风有所滋长,出现了以权谋私、贪图享乐,甚至腐化堕落的现象。这些丑恶现象严重侵蚀着党的肌体,削弱了党的凝聚力和战斗力,严重损害了党在人民群众中的形象。这种情况不加以制止,就会严重影响党和人民群众的关系,危及党的执政地位。如果各级党员干部放弃勤俭治国、励精图治的指导思想,贪图安逸享受,生活腐化,精神堕落,不仅会毁掉自己,而且会带坏一批干部,败坏一个地方的社会风气,给党和人民的事业带来巨大损失。因此,加强勤政廉政建设,增强各级党员干部勤俭建国的责任感和使命感,保持同人民群众的血肉联系,是加强党的执政能力建设和先进性建设的重要内容,也是新形势下共产党员永葆先进性的迫切要求。中国传统的勤俭精神以及老一辈无产阶级革命家勤政廉政的工作作风,给党员干部加强勤政廉政建设提供了丰富的教益与启示。

一是要努力改造主观世界,增强勤俭节约意识。对于各级领导干部来说,培养艰苦奋斗、勤俭节约的自觉意识是加强勤政廉政建设的治本之举。艰苦奋斗、勤俭节约是中华民族生生不息的精神支柱和传统美德,也是我们党的优良传统和作风,是我们党不断前进的强大精神力量。就一般意义而言,艰苦奋斗、勤俭节约包含着物质和精神两个层面。从物质层面看,要求人们在创造财富时必须不畏艰难,能吃大苦、耐大劳,在生活消费上必须自奉节俭,珍惜劳动创造的财富。从精神层面看,要求人们在改造客观世界的活动中必须保持穷则思变、锐意进取、顽强拼搏的精神风貌。具备了这种精神,就意味着具备了一种百折不挠、顽强拼搏的坚韧斗志;一种自强不息、勇往直前的进取精神;一种不怕牺牲、忘我奉献的不懈追求;一种埋头苦干、勤勤恳恳的务实作风;一种常怀忧患、居安思危的清醒态度;一种富贵不淫、贫贱不移的高尚节操。对于党员领导干部来说,这是一个人生观、价值观问题。只有从根本上解决世界观、人生观、价值观问题,牢固树立为党和人民的事业不懈奋斗的信念,艰苦奋斗、勤政廉洁的精神才能在自己的思想上真正扎根,才能抵制诱惑、经受考验。因此,各级领导干部要在改革开放和现代化建设的实践中,不断加强对科学理论的学习,自觉进行党性锻炼和修养,下工夫改造主观世界,坚定自己的信仰,锤炼自己的意志,保持一种高尚的思想情操和精神境界。要自觉从点滴做起,从日常工作和生活小事做起,"勿以善小而不为,勿以恶小而为之"。既要用社会主义的道德规范严格要求自己、约束自己,又要经常用反面典型警示自己;既要自觉接受管理、监督,又要敢于开展积极健康的思想斗争,对享乐主义进行严厉抨击。只有这样,才能警钟长鸣,善始善终,在各种物质诱惑面前,做到拒腐蚀、永不沾,两袖清风、一身正气。

二是要坚持廉洁自律,改善干部工作作风。"为官长当清,当慎,当勤,修此三者,何患不治乎?"(王隐《晋书》)改善干部工作作风,关键是要做到"三个正确对待"。首先要正确对待职务,解决好为谁当官的问题。每个领导干部都担负着一定的职务。职务意味着责任,领导意味着服务。领导干部为官一任,应当造福一方,切莫当贪官庸官,害党害民,误国误事。只有真正做到立党为公,执政为民,才是党和人民需要的合格、称职的干部。其次要正确对待权力,解决好怎样用权的问题。领导干部手中都握有一定的权力。权力可以使人高尚,也可以使人堕落。如果带着私欲用权,搞权权交易、权钱交易、权色交易,这样的领导干部就必然会堕落和垮台。权力是人民给的,只能为人民服务。必须坚决反对以权谋私,绝不容许在党内和领导干部层内形成既得利益集团。领导干部要以身作则,廉洁自律,管好自己,管好配偶、子女和身边工作人员,管好分管地区和部门的党风廉政建设,做到权为民用。再次要正确对待名位,解决好价值取向的问题。价值取向是人们对一定价值目标的自觉追求。在我们的干部中,少数人崇拜名位,把名位高低作为自己人生价值的取向,这与马克思主义价值观背道而驰。一个人名位的升降,是由主观条件和客观机遇决定的。名位是暂时的,事业是永恒的。领导干部要以平常心看待名位,视名利淡如水,看事业重如山,立志做大事而不是做大官,这样的人生才是有价值的人生。但如果丢掉勤俭治国的传统,吏治的腐败则会随之而来,堕落的官员会把有限的建设资金用来满足个人奢侈欲望,盖豪华办公楼,买豪华轿车,大吃大喝,嫖娼赌博,严重毒害社会风气,从而丧失民心。

三是要坚持克勤克俭,改进党员生活作风。"节用于内,而树德于外。"(《左传·昭公十九年》)党员的生活作风是党员人生观、价值观的一种外在体现,人们可从生活作风上具体真切地感受到党员的人生观、价值观、权力观、地位观和利益观。生活作风在很大程度上反映着党员的道德水准,而党员干部的道德水准又对全社会的道德风尚具有重大而深远的影响。历朝历代,为政者的腐化堕落犹如一种无可救药的毒素,让每个朝代沉疴难起。古代力行勤俭的帝王,虽然有足够的条件奢侈享乐,但他们为了维护自身和整个统治阶级的利益,管束官吏从自身做起,不仅为着节省财政开支,同时也希望通过自己的谨身节用,带动起一片清明的吏治,促成社会风气的明显好转,减轻人民的负担。如明太祖朱元璋不仅自己十分节俭,而且对官吏也是这样要求,如有违反,重则剥皮。正是在他这种重处之下,明初吏治清明。清道光皇帝在服饰上的节俭形成了道光时期以"粗布素衣"为主流时尚的穿着风俗。唐太宗、唐宣宗、汉文帝、汉景帝等各个时期莫不如此。目前,我们党内确有一部分共产党员滋长了拜金主义、享乐主义和极端个人主义等思想,他们把追求物质享受作为人生的目标,把攀富比阔当作荣耀,把挥霍铺张当作潇洒。这种享乐主义的思想涣散人的意志、销蚀人的品格、侵蚀社会文明的肌体、污染社会风气。如果任其蔓延,我们党的先进性、纯洁性就会丧失,中华民族的气节和精神支柱就会摧毁,最终危及到我们改革开放和社会主义现代化建设的宏伟事业。因此,作为领导干部,要坚持克勤克俭,不管地位怎样变化,生活水平怎样提高,不论在"工作圈",还是在"生活圈"、"社交圈",都要时刻检点自己,始终坚持以清养廉,以俭养德,洁身自好,去蠹如仇,以严肃的生活态度,以积极向上、健康进取的生活情趣,以共产党人的高风亮节和人格力量影响社会,带动群众。

　　四是坚持以身作则,发挥领导干部示范作用。党员干部队伍能否形成艰苦奋斗和勤俭节约的风气,各级领导干部的表率作用十分关键。各级领导干部作为建设社会主义现代化的带头人,能否以身作则,带头艰苦奋斗、清正廉洁,直接决定着全党、全社会艰苦奋斗的优良传统能否得以坚持和发扬光大。胡锦涛同志谈到领导干部要带头坚持艰苦奋斗、勤俭节约时指出,领导干部"一定要以自己的身教和言教树立良好的自身形象"。这一段话既体现了党的优良传统,又是对我们每一个党员的基本要求。毛泽东等老一辈无产阶级革命家亲手培育了我党艰苦奋斗、勤俭节约的优良作风,他们的伟大实践为全党和全国人民树立了光辉的典范,影响了几代人。新时期能否让艰苦奋斗、勤俭节约的自觉意识蔚然成风,群众看党员,党员看领导。近些年来,消极腐败现象滋生,拜金主义、享乐主义滋长,固然有多方面的因素,但与某些领导干部以权谋私、任人唯亲、挥霍浪费、违法乱纪是分不开的。因此,要发挥党员领导干部的先锋示范作用,继承和发扬艰苦奋斗、勤俭节约的光荣传统,坚决抵制个人主义、拜金主义和享乐主义的侵蚀,坚定不移地反腐倡廉。工作上以"勤"为本,树大志,增本领,不怕吃苦,开拓进取,努力创造出丰功伟业;生活上以"俭"为本,拒腐蚀,避邪气,聚财富,增信誉,巩固已取得的业绩;人际关系上以"爱"为本,向那些暂时还不富裕的人们奉献出一点爱心,发扬互助协作精神,自觉做到富帮穷,共同致富。

五是要坚持反腐倡廉,完善体制机制建设。"天地节而四时成。节以制度,不伤财,不害民。"(《周易·节卦》)加强勤政廉政建设,还要完善反腐倡廉的体制机制,使党的各级组织和广大群众对党员干部特别是领导干部实施有效的管理和监督,不仅管理"八小时"之内,而且监督"八小时"之外,及时发现矛盾,解决问题,使领导干部保持良好的生活作风。必须以改革创新的精神,改革体制,完善机制,从源头上预防和治理领导干部存在的不良作风。要特别注重坚持正确的用人导向,在任用干部时要看其有没有艰苦奋斗、自觉奉献的精神和品德。对个人主义严重,害怕艰苦、追求享受、奢侈浪费的干部,绝不能提拔重用。建立这样的用人机制,对干部生活作风建设具有重要意义,对党风建设、政风建设乃至整个社会风气建设也具有重要作用。同时,要通过制度建设来促进勤俭社会风尚的形成。勤俭社会风尚的形成,单靠某个人和某个地方都是不行的,必须自上而下,通过制度建设来限制和打击贪污腐败行为。古代的清廉社会,不仅仅是皇帝个人的喜好决定的,这里面既有皇帝以身作则的导向,更有令行禁止的约束。我们今天的管理制度,必须从干部生活作风的源头抓起,建立预防贪污、腐化的机制,从日常生活,资金来源,消费习惯方面着手,防止铺张浪费、挥霍奢侈现象。同时要加大打击力度,对贪污腐败行为进行重处,彻底铲除滋生腐败现象的土壤。要大力强化舆论监督,通过全社会的共同努力,来形成勤俭的社会风尚。近年来,中央和省市各级都下发了党员领导干部廉洁从政若干准则和制止奢侈浪费的许多规定,这些制度和规定是培养艰苦奋斗、勤俭节约自觉意识的必要补充,要坚持用这些制度管人,按这些制度办事,并进行严格的监督,形成倡导艰苦奋斗、勤俭节约的社会环境和舆论氛围。

3. 勤俭与建设节约型社会

改革开放以来,尽管我国经济社会发展取得了举世瞩目的巨大成就,但这种经济的快速增长,在某种程度上是以资源的高投入、高消耗和环境的严重污染为代价的。粗放型的增长方式和过度的消费方式虽然带来了生活水平的快速提高,也带来了生态环境的不堪重负。同时,从资源承载能力来看,我国是一个人口密度高、人均资源贫乏的国家,人均资源占有量远低于世界平均水平。虽然从总量上来看,我国的资源总量居世界第三位,但人均资源占有量仅居世界第五十三位,只有世界人均占有量的一半。其中,可耕地为世界平均值的五分之一,水资源为四分之一,森林为七分之一,石油储量仅为2.3%。如果我国仍以传统的高消耗、低产出、高污染的生产方式来维持经济的高速增长,将会使环境状况进一步恶化,也会使有限的资源加速耗竭。环境和资源所承受的压力反过来会对社会经济的发展产生严重的制约作用,从而使经济的持续增长难以为继。

  与此同时,随着国民经济的快速发展与人民生活水平的大幅提高,"勤俭节约"这个传统美德和我们党的优良作风渐渐被很多人淡忘了,消费至上、享受第一的思想观念渐渐粉墨登场。炫耀富有,互相攀比,成了某些人的消费时尚。为了炫耀富有,浪费成了潇洒、荣耀,节俭反而成了小气、寒酸。于是,我们餐桌上剩的东西越来越多,日用品扔得越来越勤。这些攀荣比富、挥霍浪费,既耗费了大量的资源,又造成了严重的污染。

  面对上述问题,在我国经济社会发展进入新的历史阶段后,党中央明确提出建设节约型社会,就是要求在社会生产、建设、流通、消费的各个领域,在经济和社会发展的各个方面,切实保护和合理利用各种资源,提高资源利用效率,以尽可能少的资源消耗获得最大的经济效益和社会效益,形成健康合理的消费风尚。这是关系到我国经济社会发展和中华民族兴衰的具有全局性和战略性的重大决策,正如温家宝总理所指出的:加快建设节约型社会,事关现代化建设事业,事关人民群众根本利益,事关中华民族生存和长远发展。中国传统的勤俭思想作为我国传统文化中的瑰宝,对当前我们推进节约型社会的建设具有重要的伦理价值与借鉴意义。

  第一,尊重自然,促进人与自然和谐发展。古人的勤俭思想与"天人合一"的理念相统一,强调尊重自然发展规律,保护自然资源,促进自然生态健康,达到人与自然和谐相处的目的。古人认识到人类所拥有的自然资源是有限的,如果过分地盘剥有限的资源,资源就会耗竭,从而威胁人类的生存。《吕氏春秋·义赏》曰:"竭泽而渔,岂不获得?而明年无鱼。焚薮而田,岂不获得?而明年无兽。"荀子注意到人对生态环境的依赖关系,提出了"有余与不足"的思想,他说:

"夫天地之生万物也,固有余足以食人矣;麻葛茧丝鸟兽之羽毛齿革也,固有余足以衣人矣。"人类只有在资源充足的情况下才可能有吃有穿,否则,"万物失宜,事变失应,上失天时,下失地利,中失人和,天下敖然若烧若焦"。(《荀子·富国》)自然资源是有限的,人类应不夭其生,不绝其长,居安思危,用取有度,才有生存的保证。因此,只有按照自然万物的"时"即生长规律进行有节制的索取,才能使生物的种类和数量处于相对的稳定,从而维护人类社会的可持续发展,实现人与自然和谐共处。正如《孟子·梁惠王上》所说:"不违农时,谷不可胜食也;数罟不入洿池,鱼鳖不可胜食也;斧斤以时入山林,林木不可胜用也。谷与鱼鳖不可胜食,林木不可胜用,是使民养生丧死无憾也。"

我们以往对生态环境保护的认识不够,使得我们赖以生存的家园在毫无节制的掠夺式开发中越来越不堪重负:生态环境遭到严重破坏,自然资源日益面临枯竭。面对如此严重的生态危机,我们必须响应罗马俱乐部总裁雷利奥·佩西的疾呼,树立生态意识与忧患意识,加强对生态环境和自然资源的保护;尊重自然规律,建立一种与自然互利共生、和谐发展的良性互动关系;充分考虑自然资源的有限性和不可再生性,坚决反对无限制地开发自然、掠夺自然的短视行为。

第二,珍惜资源,科学合理加以利用。古人在强调保护自然资源、维护自然生态的同时,十分重视对资源的节用。《荀子·天论》指出:"强本而节用,则天不能贫;本荒而用侈,则天不能使之富。"班固在《汉书·货殖传》中提倡"育之以时,而用之以节"。汉代桓宽严厉地抨击了当时种种奢侈浪费、损害资源的不道德行为,强调节约资源才能保持长久的富足。他在《盐铁论·散不足》中写道:"宫室奢侈,林木之蠹也。器械雕琢，财用之蠹也。衣服靡丽，布帛之蠹也。狗马食人之食，五谷之蠹也。口腹纵恣，鱼肉之蠹也。用费不节，府库之蠹也。漏积不禁，田野之蠹也。丧祭无度，伤生之蠹也。"明人张居正也强调对资源的节用，他说："天地生财，自有定数，取之有制，用之有节则裕，取之无制，用之无节则乏。"（《论时政疏》）

对资源的节用要求我们科学合理地利用资源。一方面，我们要从长计议，合理开采自然资源，不能片面追求当前利益而忽视长远利益，进行毫无节制的恣意开采；也不能单纯强调经济利益而忽视社会效益，肆无忌惮地实行掠夺式采伐。另一方面，要最大限度地利用资源，充分发挥资源的效用。我们要贯彻"节约有效"的原则，坚持资源开发与节约并举，把节约意识放在首位，在生产、建设、流通、消费等各个领域，都必须做到节水、节地、节能、节材、节粮，千方百计地减少对资源的占用和消耗。各行各业都要制定节约和综合利用资源的目标和措施，大幅度提高能源、原材料的利用率。

第三，勤于创新，推动科技进步。古人说，勤能开源，俭能节流。今天的开源主要表现为勤于创新，利用科技进步解决资源短缺矛盾。科学技术是生产力中最活跃、最革命、最主要的因素，是第一生产力。建设资源节约型社会，解决制约我国经济社会发展的资源与环境问题，从根本上要依靠勤于创新，推动科技进步。

我们要通过科技创新，促进产业结构优化升级，提高经济增长的质量和效益，实现经济增长方式由粗放经营向集约经营的转变；通过科技创新，提高能源资源利用效率，实现从资源消耗型经济向资源节约型经济的转变；通过科技创新，保护生态环境，治理环境污染，实现以生态环境为代价的增长向人与自然和谐相处的增长转变，促进经济社会全面、协调、可持续发展；通过科技创新，拓宽资源开发领域，勘探开发新资源,促进资源替代,用可再生资源替代不可再生资源,提高资源开发的深度和广度。因此,今天的勤除了原有的含义之外,更多的是建立勤于研发并有效利用现代科技与提高管理水平的现代理念,用现代科技改变或改善对资源的有效利用,避免或者减少对环境的污染,最大限度地发挥资源的作用,以利于提高经济的运行质量和水平,以及提高人民的生活质量。

第四,奢俭适度,构建合理消费风尚。古人倡导的"奢俭适度"消费观,对于建构社会主义市场经济伦理体系中的消费伦理具有重要的借鉴作用,为建设资源节约型和环境友好型社会提供了合理的思想资源,对当前片面追求效益的竭泽而渔式的发展模式或无视国情的超前消费和过度消费也是一支清醒剂。奢俭适度就是要求我们寻找一种既适合当今市场经济发展要求,又适应个体全面发展的科学合理的消费观。新型的消费观应该立足经济与道德的双重维度,既要使个人消费支出与其收入水平相适应,又要符合社会的平均消费水平,同时还应该是一种充分合理利用社会资源的理性生活态度。

具体说来,首先,消费活动应按经济规律办事。消费是社会生产的重要环节,它能使产品的价值得以实现并创造出新的需要,推动生产规模的扩大和生产效率的提高。因此,科学合理的消费要求消费的水准与生产力的发展要求及社会生产的水平相适应。其次,消费必须适合可持续发展的要求。可持续发展是包括经济、环境、生态等方面的持续不断的发展的过程,是人类在认识社会和自然的关系上为人类未来的发展指出的一条合理发展的道路。消费的合理性也是可持续发展战略的要求,消费活动不仅要促进经济可持续发展的进程,也要促进生态可持续发展的需要。这就要求消费行为应以保护自然环境、维护生态平衡为原则,防止由于消费方式的不当或消费的过度增长造成对资源的掠夺和生态的破坏。再次,科学合理的消费观也要求消费活动符合人自身发展的要求。消费活动虽然主要体现为一种经济活动,但其本质是属人的社会活动,也就是说消费活动的目的是为了满足人的发展需要。当然,生存需要并不是人的需要的全部,在生存需要得到满足的基础上,用于发展需要和享受需要的消费也符合人的发展要求,适当的娱乐性消费、消遣性消费也是人的全面发展的重要保证和条件。因此,在衣、食、住、行等基本物质消费得到保证的基础上,应适当增加文化、学习、艺术、休闲、娱乐等精神生活的消费,以提高个人文化素质和加强精神修养。

- 中篇 -

故事

故事

中篇故事

一、先秦故事

大禹克勤于邦

大约在四五千年前,中国发生了一次特大的洪水灾害。当时正处于原始社会末期,生产力极端低下。面对茫茫洪水,人们只能逃到山上去躲避。当时部落联盟首领尧,为了解除水患,召开部落联盟会议,大家推举鲧去完成这个任务。鲧上任后,用"堙"、"障"等堵塞围截的方法,治水九年,劳民伤财,不但没有把洪水治住,反而越来越大。尧死后,大家推举舜当了部落联盟的首领。舜巡视治水情况,看到鲧对洪水束手无策,反而耽误了大事,就将鲧治罪,处死在羽山。部落联盟又推举鲧的儿子禹来继续治水。

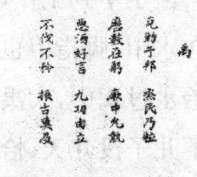

大禹是个精明能干、大公无私的人。他接受治水任务时,刚刚和涂山氏的一个姑娘结婚,然而意志坚强的大禹,看到群众深受水害之苦,便毅然告别妻子,来到治水的工地。大禹请来了过去治水的长者和曾同他父亲鲧一起治过水害的人,总结过去失败的原因,寻找根治洪水的办法。有人认为:"洪水泛滥是因为来势很猛,流不出去。"有人建议:"水是往低处流的,只要我们弄清楚地势的高低,顺着水流的方向,开挖河道,把水引出去,就好办了。"这些建议使大禹大受启发,他经过实地考察,制定了切实可行的方案:一方面继续修筑和加固堤坝,另一方面改变鲧过去的"堵塞"办法而用"疏导"方法来根治水患。为了便于治水,大禹还将整个地域划分为九个大州,即冀、兖、青、徐、扬、荆、豫、梁、雍等州。从此,一场规模浩大的治水工程便展开了。大禹亲自率领二十多万治水群众,浩浩荡荡地全面展开了疏导洪水的艰苦卓绝的劳动。大禹除了指挥外,还亲自参加劳动,为群众做出榜样。他手握木锸(形状近似于今天的铁锹),栉风沐雨,废寝忘食,夜以继日,不辞劳苦。由于辛勤工作,他手上长满老茧,小腿上的汗毛被磨光了,长期泡在水中,脚指甲也脱落了。

在治水过程中,大禹曾三次路过自己家门口。第一次他的妻子刚刚生下儿子没几天,恰好从家里传来婴儿哇哇的哭声,大禹怕延误治水,没有进去;第二次他路过家门,抱在妻子怀里的儿子已经会叫爸爸了,但工程正是紧张的时候,他还是没有进去;第三次路过家门,儿子已长到十多岁了,使劲把他往家里拽,大禹深情地抚摸着儿子的头,告诉他,治水工作还是很忙,又匆忙离开了。大禹"三过家门而不入"的故事被传为美谈,至今仍为人们所传颂。

在大禹领导下,广大群众经过十多年的艰苦劳动,终于疏通了九条大河,使洪水沿着新开的河道,服服帖帖地流入大海,从而制服了灾害,完成了流芳千古的伟大业绩。在治水的同时,大禹和治水大军还帮助老百姓重建家园,修整土地,恢复生产,使大家过上了安居乐业的生活。(《尚书·虞书·益稷》;《庄子·天下》)

季文子以俭为荣

季文子,春秋时鲁国正卿,历相鲁宣、成、襄三君,以勤俭名传天下。季文子为相,妻妾不穿华服,喂马不用粮食。见他如此节俭,孟献子之子仲孙它对季文子说:您是鲁国的上卿,历相宣、成二君。妻妾不穿华服,骏马不食粮米,别人会认为您吝啬爱财,不仅影响了您的形象,而且对国家也不体面。季文子回答道:我不是吝啬,是甘心情愿如此。我看见我们国家还有很多百姓吃不饱、穿不暖。在这种情况下,作为执政者,我又怎么能只顾着自己的妻妾骏马呢?况且我听说君子是以道德来为国家争取荣誉的,没听说是靠妻妾和骏马来赢得。

事后,季文子把这件事告诉了仲孙它的父亲孟献子。一向节俭的孟献子听后大怒,整整把儿子关了七天禁闭。仲孙它闭门思过,终于痛改前非,也向季文子学习,严格约束妻妾,崇尚节俭。季文子听说后,赞赏道:有过能改就是优秀的人。并任命仲孙它为上大夫。

(《国语·鲁语上》)

晏婴重俭力行

晏婴,字仲,谥号平,后人称为晏平仲,敬称晏子,春秋末期齐国人。他历经齐灵公、庄公、景公三朝,辅政长达四十余年,是春秋后期一位重要的政治家、思想家和外交家。晏婴虽然出身名门望族,自己又身居相位,却大力倡导俭朴节约,并且身体力行,"食不重肉,妾不衣帛"。

晏婴平时穿的是粗布衣服,即便祭祀祖先也不过把衣服和帽子洗干净穿上而已。一件狐皮大衣,也只是在出使他国或参加盛典时

穿,并且一直穿了三十多年。每日粗茶淡饭,正餐不过是糙米饭,只有一荤一素两个菜。据记载,一天,晏婴正要吃午饭,齐景公派人来见他。晏婴因为对方是君王派来的人,所以给以特殊款待,当场把自己的饭菜分成两份,请来人共进午餐。景公知道这件事后,感叹地说:相国家里竟然如此清贫,我一直不知情,这是我的过错啊!说完,立即命人给晏婴送去黄金千两,作为他接待客人的开支。不料晏婴不愿接受,叫来人带回。景公命人再送,他还是执意不肯收下。当景公命人第三次送来时,晏婴对来人说:请禀报大王,我并不贫困。大王给我的俸禄,不仅足够我供养家人、接待客人之用,还可以用来接济穷苦百姓。所以,我不能接受大王额外的赏赐了!送金的人感到非常为难,对晏婴说:相国,我也是奉命办事。您这次再不收下,叫我如何去回报大王呢?晏婴想了想,说:既然如此,我和你一起进宫,让我当面向大王辞谢。晏婴见了景公,首先感谢他对自己的厚爱,然后坚持请求景公收回对自己的赏赐。景公不解地问:想当年,管仲不也接受了桓公封赏的五百个村庄吗?你晏婴为什么要推辞呢?晏婴便以"圣人千虑,必有一失;愚人千虑,必有一得"的话相对答,并认为管仲虽然聪明,但在考虑这件事时有失误;而自己虽然愚笨,但在这件事的处理上可能是正确的。景公见他把话说到如此地步,也只好作罢。

中篇故事

晏婴平时上朝,总是乘坐一辆劣马拉的破旧车子,有时甚至步行去。景公知道后,便派人送去新车骏马,可使者连续送了两趟,都被晏婴回绝了。但景公还是觉得晏婴乘坐的车马与他的身份太不相称了,所以仍坚持要送他一辆由几匹良马驾的好车,于是第三次派人送去,可还是被晏婴拒绝了。景公非常不高兴,责问他为何不收,晏婴说:您让我管理全国的官吏,我深感责任重大。平时,我反对奢侈浪费,要求他们节衣缩食,以减轻百姓的负担。我若乘坐好车好马,百官们便会上行下效,奢侈之风就会流毒四方。假如真的到了那个时候,恐怕就再也无法禁止了。

至于住的地方,晏婴的相府地处闹市,且阴暗狭窄。齐景公要为他修造僻静宽敞的新宅院。晏婴搪塞说,我家世代住在这个地方,倘若因为我的贪得无厌而迁移,未免对不起先人,况且房子虽然古旧一些,但它临近热闹的市场,交通方便,对周围的环境十分熟悉,日久生情,已经习惯了。但齐景公并不死心,趁晏婴出使他国之际,为他新建了一处豪华的相国府。晏婴回京之后,马上从新相府搬回了原来低矮狭小的住处,同时将新相府加以改造,分给了原来住在那儿的人。(《晏子春秋》;《说苑》)

范蠡勤俭致富

范蠡,春秋时期越国大臣,辅佐越王勾践二十多年,终于打败了吴国,重整越国。因为他功绩卓著,被封为"上将军"。受封之后,范蠡想到勾践的为人,可以共患难,不可以同安乐,自己盛名之下是难以久安的,于是携妻带子辞官而去。

范蠡首先来到齐国。他隐姓埋名,自称是鸱(音:chī)夷子皮,意思是说自己是"酒囊子的外皮",用起来可以很大,收起来又可以很小,舒卷自由,能屈能伸。范蠡父子在海边以耕种为主,辛勤劳作,没多久就积聚了数十万财产。齐国人听说范蠡很能干,又非常贤能,便请他做官。范蠡感叹道:我当官当到卿相,种地得到千金,这是布衣出身的最高境界了。如果长久去享受,这是不明智的。于是,送回齐国大印。不久,又把财产散给穷人,带了些金银珠宝,悄悄离开了海边。

范蠡来到陶(今山东淄博)以后,发现这里是四通八达的商业枢纽,居天下中心,在这里谋生治产是完全可以致富的,于是就住下来,自称朱公,人们都称他为陶朱公。范蠡除了进行农牧业生产,还从事商业活动,只谋十分之一的利润,买卖做得十分红火。没多久,他又积累了数百万的财富。天下人都知道定陶有个陶朱公,富甲天下。范蠡把财产分出很多用来接济贫困的朋友和同乡,真可谓"富而好行其德者也"。

有人问范蠡致富的办法,范蠡告诉他,要想尽快致富,必须辛勤劳动,而且要不怕艰苦,同时多养六畜。又有人问他:你十几年中,三次聚财至千金,家资巨万,有什么诀窍吗?范蠡就把自己经商理财的十八则说了出来:

第一,生意要勤快,切勿懒惰,否则什么事也干不成;第二,价格要标明;第三,生活要节俭,切勿奢华;第四,切勿滥出;第五,货物需面验,切勿滥入;第六,出入要谨慎;第七,用人要公正,切勿歪斜;第八,优劣分明;第九,货物要修整;第十,期限要限定;十一,买卖要快捷,切勿懈怠;十二,买卖双方要明确责任;十三,做事要稳重;十四,切勿暴躁,和气生财;十五,切勿妄劝,妄劝则误事;十六,临事要尽责;十七,工作要精细,切勿粗糙;十八,切勿浮躁,浮躁失事多。(《史记·越王勾践世家》)

中篇故事

孔子读《易》韦编三绝

孔子一生勤奋学习,到了晚年,特别喜欢读《周易》。春秋时期还没有发明纸张,书是用竹简或木简写成的,既笨又重。把许多竹简用皮条编穿在一起,便成为了一册书。平时卷起来放着,看时就打开来。而《周易》文字艰涩,内容隐晦,孔子翻来覆去地研读,这样读来读去,把编联竹简的牛皮绳子磨断了许多次。即使读到了这样的地步,孔子还是不满意,说:如果我能多活几年,我就可以多理解些《周易》的文字和内容了。后人便用"韦编三绝"这个成语来传颂孔子勤奋好学的精神。(《史记·孔子世家》)

颜回安贫乐道

传说孔子有学生三千,其中最出名的有七十二人,而颜回又是孔子最得意的门生。颜回的一举一动,在孔子看来,都合乎心意。所以孔子常常以颜回的事例来教育其他学生。

有一次,孔子对学生们说:"贤哉,回也!一箪食,一瓢饮,在陋巷,人不堪其忧,回也不改其乐。贤哉,回也!"意指:颜回,真贤者啊!他住在荒僻的巷道里,过着极其艰苦的生活。他盛饭用的器皿是竹子做的箪,舀水用的器具是木头做的瓢。这要是落在别人头上,则是不堪忍受的了,但是颜回始终感到满足、快乐。颜回确实是个十分贤德的人啊!

孔子十分赞赏颜回的这种品德。然而这究竟是一种什么样的品德呢?孔安国说,这是"安于贫而乐于道"。

还有一次,鲁哀公问孔子:"在你三千多学生中,谁最好学?"孔子说:"只有颜回最好学。他不迁怒,不二过,不幸短命死矣!"意指,颜回最爱学习。他遇着发怒的时候,能做到随发随化,从不转移到别的事情上去;有了错误就改,决不重犯。

颜回二十九岁头发尽白,三十二岁就死去了。孔子为他的短命感到非常悲痛。成语"安贫乐道"、"陋巷箪瓢"、"箪食瓢饮"、"箪瓢屡空"、"迁怒于人"均来自本故事。(《论语·雍也第六》;《史记》卷六七)

原宪甘于清贫

原宪,字子思,孔子弟子,为孔门七十二贤之一。原宪出身贫寒,个性狷介,一生安贫乐道,不肯与世俗合流。孔子为鲁司寇时,曾做过孔子的家臣,孔子给他九百斛的俸禄,他推辞不要。孔子死后,原宪隐居卫国,茅屋瓦牖,粗茶淡饭,生活极为清苦,但他毫不介意,悠然端坐在那里弹琴吟唱。

有一次,孔子的另一个弟子子贡骑着肥马,穿着轻便的裘皮大衣去见原宪。原宪拄着拐杖到门口去迎接他。他正了正帽子,帽带就断了;他提了提衣襟,胳膊肘就露出来了;他提了提鞋后跟,鞋底和鞋帮就分开了。看见他这样寒碜,子贡就说:"唉!先生为何如此困苦啊!"原宪仰起头来回答说:我听说没有钱财只能叫贫穷,学而不能才能叫做困苦。我这是贫穷,不是困苦。至于像有些人那样,迎合世俗,结交小人,学习是为了做给人看,教人是为自己谋福利,仁义忘在脑后,只想着追求高车大马,我原宪是不忍心去做的。子贡听了原宪的话,面有愧色地走了。而原宪却拖着手杖,唱着《商颂》,徐步走入他的破茅草屋,歌声若出金石,充满天地之间。(《庄子·让王》;《韩诗外传》卷一;《史记》卷六七)

中篇故事

列御寇守贫保身

列御寇,东周威烈王时期郑国圃田人。他是战国早期著名的思想家和寓言文学家。那时,由于人们习惯在有学问的人姓氏后面加一个"子"字,表示尊敬,所以列御寇又称为"列子"。

列子青年时代求道十分执著认真,起初从师壶丘子,后又问道于老子亲传弟子关尹子,还曾拜商氏为师。他继承了老子的学说,又加以发扬光大。传说当他潜心修道时,能够"御风而行"。他常在立春之日"乘风游八荒",在立秋之日返回住所"风穴"。

一次,一位诸侯国使者入郑拜访列子时,发现这位自己仰慕的有道之士家里很穷,经常是在饿着肚皮的情况下,埋头做学问。于是就对郑相子阳说:列子是一位有道之士,他住在你的国家里却过着贫穷的生活,这不正说明你不好贤士吗?于是子阳便派使者送一些钱粮给列子。列子知道使者的来意后谢绝了。使者走后,列子的妻子惋惜地说:我听人家说,做了有道之人的妻子,便可得到享乐,可是如今我连肚子也吃不饱。官府送钱粮来,你又不接受,难道我们天生就是贫穷的命吗?列子笑着回答道:子阳并不是真正地赏识我,他只是听了别人的话才送钱粮给我的,因此他将来同样会听了别人的话而加罪于我,这就是我不能接受他馈赠的缘故。果然子阳是一个十分残酷的人,动辄随意加罪于人,后来终于被国人杀死了。

列子一生安于贫寒,不求名利,不进官场,隐居郑地四十年,潜心著述二十篇,约十万多字。现在流传的有《列子》一书,其中《愚公移山》、《纪昌学射》等脍炙人口的寓言故事,可谓家喻户晓,广为流传。
(《吕氏春秋》卷一六;《列子》卷八)

屈原洞中苦读

屈原,战国时代楚国人,是我国文学史上第一个伟大的诗人。其传世之作有《离骚》、《九章》、《九歌》、《天问》等。他的作品富有独创性和浪漫主义色彩,对我国古代诗歌的发展产生过极其深远的影响。

少年时代的屈原住在山上,每天上学必须跨过湍急的溪水,穿过苍苍林莽到山下的乐平里。他早去晚归,家里人很不放心,妈妈常让姐姐屈须到书塾去接他。

有一天,浓重的夜色笼罩着山头,屈原还没有回来。屈须就到山下书塾问老师,才知道弟弟背完晚书,第一个离开书塾回家了。屈须返回家里,可屈原还没有回来。妈妈着急了,连忙求邻居帮忙到溪涧和后山上去找。结果,到处不见屈原的影儿。妈妈失望地回到家,一进门,却看见屈原正吃饭呢。问他刚才到哪儿去了,他只是笑笑,就是不说话。

这件事引起了姐姐的好奇。第二天下午,屈须早早赶到书塾,等弟弟背完晚书,便悄悄地跟在后边。穿过树林,越过溪流,她跟着,跟着,只见屈原在溪旁一闪,不见了。屈须以为弟弟回家了,可是到了家里,才知道弟弟并没有回来。屈须更加奇怪,就又返回去找弟弟。

原来,小溪旁边有一个天然岩洞,每天放学以后,屈原总要钻进这个岩洞里刻苦读书。这个岩洞虽然不大,但景物别致:洞壁如浮雕图案,花鸟虫草,情态各异;洞顶悬挂着石钟乳,千姿百态,水顺着钟乳石尖一滴一滴地滴下来,叮咚叮咚,犹如玉落银盘,更显得洞里幽静深邃。这天,屈原像往常一样走进洞里,来到他早已支好的石桌石凳旁边,把小藤包放在桌上,掏出书本,端坐在凳子上,低声背诵起来。他哼着哼着,不禁声音渐渐激昂起来,音韵深沉,宛如惊涛拍岸……

恍惚间,屈原看见一个人影从石缝中走出来,提着衣裙,飘飘悠悠地来到屈原身旁,舞着长袖,向他施礼,然后捧着一叠厚厚的书简给他。屈原不由心中一怔:难道真是仙女面传天书吗?他急忙参拜仙女,接过书一看,原来是一部《楚声》,其中有"渔夫歌"、"五谷调"、"砍柴曲"、"蚕花谣"、"越人歌"等,尽是楚国各地的民

歌民谣。屈原惊疑道:"人间烟火之事,上天如何知道?"他十分激动,再拜仙女,低声问道:"好诗向谁求?请仙姑赐教。"说完,抬头一看,眼前仙姑已不知去向,手中天书也无影无踪。半晌,听见一女子的声音:"真诗乃在民间!"这声音把屈原弄懵了。"仙姑在哪里?"屈原惊叫着,回头一看,原来是姐姐屈须。屈须寻到洞里,见弟弟打盹,说着梦话,便答了一句,这才使屈原从迷梦中清醒过来。

屈须一边责备弟弟,一边拉着他向洞外走。一出洞,姐弟俩便听见山上传来丁丁的伐木声和悠扬的山歌声。屈原央求着:"好姐姐,咱们听一会再回家,好吗?"屈须答应了,姐弟俩就坐在溪边静静地听,只听见:

　　河水清清哟,波纹像连环,
　　　栽秧割稻你不管哟,凭什么千捆万捆往家搬?

屈原听到这歌声带着无比的愤怒和怨恨,深深地感叹道:"果真'好诗在民间'。"他边听边记,记好了就读给姐姐听,直到很晚了才回

到家中。

从此,屈原常找樵夫、猎人、渔翁、蚕女、巫师等采集民间歌谣,并在小溪旁这个岩洞里加以整理、吟咏。这为他后来创造出文学的一种形式——骚体打下了坚实的基础。(《归州志·山水》)

二、秦汉故事

汉文帝躬行俭德

秦末天下大乱,神州满目疮痍,刚刚建立起来的汉王朝库徒四壁,财力贫弱,皇帝出巡时连一辆气派的马车都找不到。平民百姓更是生计艰难,一遇灾年,赤地千里,饿殍遍野,鬻妻卖子,颠沛流离。经济状况的恶化,迫使汉初的统治者采取了与民休息的政策,大力倡导节俭。在这方面,汉文帝刘恒(前180—前157年在位)做得相当突出。他在位二十三年,一直过着俭朴的生活,宫室、苑囿、车骑、服御等等,仍和过去一样,没有什么增加。宫中的帷帐不带花边,不刺绣,衣服都用粗糙的布帛制成,嫔妃裙子的下摆也不准拖到地上。

有一次,宫里计划修建一座露台,预算要用百金,文帝知道后说:百金相当于十户中等人家的财产呢!我住在先帝的宫殿里尚感羞愧,还有什么理由花钱修露台呢?随即下令停建。他在位期间,连一处亭台楼阁、花园水池都没有增添过。

汉文帝还重视发展农业生产,注意减轻农民负担。他认为,"农,天下之大本也,民所以恃以生也"。他在宫中专门开辟耕地,每年举行春耕仪式。并亲率王公大臣耕种,为百姓树立了一个勤劳节俭的榜样。他多次减免田赋,以提高农民恢复和发展生产的积极性,有时减免一半,有时甚至全免。他多次赈济贫民,救助孤寡老人。他还尽量减少军事活动,减轻百姓徭役负担,使他们安心生产。

这种俭朴的作风,还反映在丧葬上。汉文帝生前令人为自己在霸陵修建墓园,规定随葬物品"皆以瓦器,不得以金、银、铜、锡为饰",也不修建高大的坟冢,以便节省开支,不烦扰百姓。他临终前又在《遗诏》中重申,"霸陵山川因其故,毋有所改"。也就是说依山势不起坟墓,不增修建筑物。

汉文帝体恤百姓疾苦,禁绝浪费,节俭治国,使汉初社会经济得以全面恢复,为汉王朝的繁荣强大奠定了基础。(《史记·孝文本纪》)

董仲舒三年不窥园

董仲舒(前179—前104年),广川(今河北省枣强县广川)人,西汉思想家、政治家,今文经学大师。

董仲舒自幼勤习儒家经典,数十年如一日,《史记》、《汉书》本传说他专心学业,"盖三年不窥园,其精如此!"王充的《论衡·儒增》也记载:"儒书言董仲舒读《春秋》,专精一思,志不在他,三年不窥园菜。"桓谭的《新论·本造》甚至说:"董仲舒专精述古,年至六十余,不窥园中菜。"他真可谓是中国历史上第一个"两耳不闻窗外事,一心只读圣贤书"的儒生!他沉醉于儒家经典所创造的意境中,对当时的社会时尚、待人接物都漠不关心。当时六畜兴旺,马牛繁息,"众庶街巷有马,阡陌之间成群",人们乘马也非常讲究,乘母马者被"摈而不得聚会"。可董仲舒对此并不留意,"尝乘马不觉牝牡,志在经传也"。(《太平御览》卷八四〇)

功夫不负有心人,经过多年的钻研,董仲舒学通五经,义兼百家,且长于议论,善为文章。《汉书·儒林传》说他"通五经,能持论,善属文。"王充也说:"董仲舒者,文之乌获也。"(《论衡·效力》)将他比喻为文章圣手,写作大师。此外,董仲舒还博见多闻,知道许多罕见奇怪之物,如王充称赞董仲舒"文说美善,博览膏腴",读了很多内容丰富的书,认识举世罕见的"重常之鸟"(《论衡·别通》)。当时的儒生多专注一经,不能旁通;有的甚至"或为雅,或为颂"(刘歆《移太常博士书》),数人才能合治一部《诗经》。因此,与那些浅薄之士相比,董仲舒简直是鹤立鸡群,形若天渊,无愧"通才""鸿儒"之喻。此外,董仲舒还具有高尚的道德修养,优雅的言谈举止,他言中规,行中伦,"进退容止,非礼不行"。智能全面,品学皆优。桃李不言,下自成蹊,四方学士,"皆师尊之"。不少有志青年,云会广川,从董仲舒问学。董仲舒于是"下帷讲诵",传道授业,今河北景县尚有"董仲舒下帷处"遗迹。弟子太多,无法一一亲传面授,便叫门下高足代劳。史书上说,董仲舒讲学,在讲堂里挂上一幅帷帘,他在里面讲,弟子在帘外听,只有资性优异,学问不错的弟子才能够登堂入室,得其亲传。其余弟子皆按受业的先后和深浅,在门下转相传授。因此有的学生慕名而来,师从一场,连见上董仲舒一面的愿望也没实现。可见其声誉之高,气派之盛!(《汉书·董仲舒传》)

中篇故事

黄霸狱中学《尚书》

黄霸,字次公,西汉时期淮阳阳夏(今河南太康)人。他少年时学习十分刻苦,不论盛夏酷暑,还是冰天雪地,都不间断学习。汉武帝末年,他做了河南太守丞。在任上,他实行宽民利农的政策,把地方治理得井井有条,深得百姓的爱戴和拥护。他因政绩突出,名声大震,被召到朝廷做官。汉昭帝死后,刘询接位为汉宣帝。

第二年,宣帝为了宣扬汉武帝的功绩,以表明自己尊敬祖先的心愿,准备为武帝建一座庙堂。宣帝把这件事交给大臣们去讨论。大臣们都知道宣帝好大喜功,于是一片赞同之声。但是,有一个叫夏侯胜的大臣站出来反对。他慷慨陈词道:陛下,武帝在扩大领土方面于国家有奇功,但国家的财力、物力也因此几乎耗尽,老百姓更加贫困,这时正需要休养生息,所以,臣以为不该为武帝立庙堂。夏侯胜的话刚一说完,众大臣纷纷责备他对先帝不敬。夏侯胜据理力争,他说:作为皇帝的大臣,应该坦率地说出自己的意见,这才是尽忠。我这样做了,即使被处死,也决不后悔!众大臣更说他大逆不道。

当时只有黄霸对夏侯胜的话毫不动怒,一声不吭。汉宣帝大为震怒,立即下诏将二人关进大牢,并准备斩杀这两个"大逆不道"的臣子。夏侯胜是一位忠臣,更是一位饱学之士,他尤其精通《尚书》。黄霸与夏侯胜关在一个监狱里,他就利用这个机会向夏侯胜学习,并拜他为师。一天,黄霸诚恳地对夏侯胜说:您对《尚书》的研究很深刻,请您教我学《尚书》好吗?夏侯胜入狱后一心等死,情绪十分低沉,听了黄霸的话后,苦笑道:你我都是犯了死罪的人,说不定明天就会被砍头,你还有什么心思学《尚书》呢?再说,学了又有什么用?黄霸说:孔子说过,"朝闻道,夕死可矣!"如果一个人能在生前多学一些东西,那么死的时候也会心满意足,无怨无悔了!一席话感动了夏侯胜,于是振作起来,并同意收下黄霸做自己的学生。就这样,黄霸在狱中开始向夏侯胜学习《尚书》。黄霸学而不厌,刻苦认真,终于在狱中把深奥难懂的《尚书》吃透了。夏侯胜诲人不倦,在教黄霸的同时,温故知新,又悟出了许多新见解。就这样,两人在狱中一教一学,整整度过了三年,直到大赦出狱,两人成了知交。出狱后,夏侯胜出任谏议大夫,他立即举荐黄霸。不久,黄霸也出任扬州刺史。后官至御史大夫、丞相,封建成侯。(《汉书》卷七五、八九)

匡衡凿壁取光

匡衡,字稚圭,是西汉时期著名的文学家。他从小就特别喜爱读书,因为家境贫寒,没有钱买灯油,所以一到晚上,匡衡便托着腮默默地望着窗外出神,他多么渴望一盏明亮的油灯能神奇地出现在自己面前,这样他就再也不用为夜晚不能读书而发愁了。

隔壁邻居家生活富足,一到晚上,家里便灯火通明,匡衡每次从邻居家窗前经过,看看屋子里暖暖的光,心中便不由自主地掠过一丝羡慕。他想,要是能征得家人的同意到邻居家读书就好了。他大着胆子把想法说给母亲听,母亲极力反对,说人穷不能志短,匡衡可以抓紧白天时间多读些书。

匡衡非常难过,一连好几天,他都无法摆脱苦闷心情的困扰。有一天晚上,匡衡正在为此事烦恼,忽然发现被子上有一道微弱的白光。家里没有灯,哪来的光线呢?匡衡坐起身,循着光线的方向看去,原来,墙壁裂了一道缝,那光线就是透过裂缝从隔壁邻居家射过来的。匡衡把手伸到裂缝处,掌上的纹路清晰可见。匡衡灵机一动:既然这儿能照得见手上的纹路,那么一定也可以看得见书上的文字,我为什么不借着这缕光读书呢?这样想着,匡衡顺手从枕边摸过一本书,果然可以读书了。可是,这光线太细了,匡衡需要不停地挪动书本才能看全整行文字。如果在墙上凿一个小洞,邻居家透过来的烛光不就像一盏灯一样了吗?于是,匡衡找来父亲干活用的工具,小心地在墙缝处凿了一个小洞。从此,聪明的匡衡晚上也可以读书了。

匡衡书越读越多,渐渐地把周围人家可以找到的书都读遍了。同乡有个大户叫文不识,家中十分富足,有很多藏书,匡衡就去为文不识作佣而不要报酬。主人很奇怪,问他为什么要这样做,匡衡说:我之所以这样做的原因只有一个,就是希望能读遍您所有的藏书。文不识感叹不已,将自己的书都借给匡衡。后来,匡衡终于成为饱学之士。(晋·葛洪《西京杂记》)

一月得四十五日

据东汉班固的《汉书·食货志》记载:进入冬天以后,同一巷子的妇女们互相结伴在夜里纺织,结果一个月干了四十五天的活。大家互相结伴的原因,不仅是为了节省灯油的费用,还可以交流技艺,而且还合乎当时的习俗。一月怎么能有四十五日呢?颜师古解释说:"一月之中,又得夜半十五日,共四十五日。"说的是一个月三十天中,每天的半夜算半天,所以总共是四十五天。这个故事成为勤于生产、惜时劳作的千古佳话。(《汉书·食货志》)

刘秀勤政节俭

刘秀(前6—57年),汉高祖刘邦九世孙,生于王莽乱世,家道已经中落。他二十八岁加入了绿林起义军。后来到河北活动,以恢复汉家制度为号召,取得一些官僚、地主的支持,镇压和收编起义军,力量逐渐壮大。公元25年,他终于中兴汉室,即位称帝。

刘秀即位后,始终保持节俭作风,凡要求臣子做到的,自己首先做到。他称帝后"身衣大练,色无重彩,耳不听郑卫之音,手不持珠玉之玩,宫房无私爱,左右无偏恩。……勤约之风,行于上下"。他主张勤俭,远奢侈之风,以"务从约省"来约束自己和各级官吏。建武十三年(37年),外国使臣敬献名马一匹、宝剑一把,刘秀下令将马用于军事,宝剑赏给有功将士,并以此向郡国颁诏,刹进贡之邪风。刘秀的后宫嫔妃是比较少的,西汉自武帝起,后宫掖庭人数达到三千多人,除皇后外,有爵秩品级的就分婕妤、容华、充衣等十四个等级。刘秀即位后,后宫只有皇后、贵人有爵秩,贵人的待遇只有谷数十斛,此外有美人、宫人、采女三等,均无爵秩和额外的待遇,这就为国家节省了大量开支。刘秀在世时吩咐为自己所造的陵墓不要太大,不要起高坟,低洼处只要做到不积水就可以了,不要随葬珠玉金银。死时还留下遗诏,说他无益百姓,丧葬等一切要像孝文皇帝那样,务必节俭。

刘秀六十多岁时还勤于政事,天不亮就坐朝,一直到日落才回宫。他对经史义理方面的事非常有兴趣,时常召集公卿郎将谈论,直到深夜才上床休息。皇太子见父皇如此操劳,便劝谏道:陛下有大禹、商汤那样的贤明,却丢失了黄帝、老子的养身之道。希望从此颐养精神,优悠安宁。刘秀听了这话,摇摇头说:我乐于这样,不感到疲劳。(《后汉书·光武帝纪》)

郑玄潜心钻研经学

郑玄,字康成,北海高密(今山东省高密县)人。东汉末年的经学大师。他遍注儒家经典,以毕生精力整理古代文化遗产,对儒家文化乃至整个中国文化的传承作出了重要贡献。

郑玄自幼天资聪颖,又性喜读书,勤奋好学。他从小学习书数之学,到八九岁时就精通加减乘除的算术,不但一般的大人比不过他,即便是读书人,不专门学习书数者也赶不上他。到了十二三岁,他就能诵读和讲述《诗》、《书》、《易》、《礼记》、《春秋》这儒家"五经"了。同时,他还喜欢钻研天文学,并掌握了"占候"、"风角"、"隐术"等一些以气象、风向的变化而推测吉凶的方术。

郑玄天性务实,不尚虚荣。十一二岁的时候,他曾随母亲到外祖家做客,当时客人很多,在座的十多位客人都衣着华美,打扮时新,并且言语清爽,夸夸其谈,显得很有地位和派头。唯独郑玄默默地坐在一旁,似乎身份和才学都赶不上人家。其母见状,感到面上无光,便暗地督促他出头露面,显露点才华,表现点阔绰和神气。郑玄却不以为然,说这些庸俗的场面"非我所志,不在所愿也"。

到十六岁的时候,郑玄不但精通儒家经典,详熟古代典制,而且通晓谶纬方术之学,又能写出一手好文章,在当地声名远播。当时朝廷的统治者相信灾异、符瑞之说,把各种自然灾害视为上天对人类的惩罚和警告;而把自然界罕见的一些现象,如禾生双穗、珍禽异兽出现等,看作上天对人们的奖励和对"政治清明"的赞赏。为了证明统治者的行为符合天意,朝廷便鼓励地方官府将"符瑞"逐级上报,借以神化和歌颂封建统治,麻痹人民。这一年民间有人献瑞,不同的两棵秧长到一起结了一个瓜,称为"嘉瓜";一枝禾稻结了两个稻穗,谓之"嘉禾"。县里要讨好上级,就将"符瑞"的情况写成公文并加上颂辞上报,无奈官吏鄙陋无文,写的东西实在拿不出手,只好请郑玄来改写。郑玄写好了公文,又写两篇颂辞,倍受县吏的赏识。郡守认为郑玄是少有的奇才,不愧神童之名,后来亲自为他主持了冠礼(男子二十岁时为表示成年而举行的加冠典礼)。

伴随着知识和学问的增长,郑玄步入了青年时代。他虽然立志于潜心钻研经学,并已具有了一定的经学造诣,但由于家境贫寒,生活困苦,已没有条件继续专门攻读了,父母兄弟迫于生计问题,也都不允许他再不事产业而长年读书了。在十八岁那年,他不得不出任小吏,充任乡啬夫之职。乡啬夫是乡一级地方小吏,掌管诉讼和税收等事。对于自己主管的工作,郑玄勤勤恳恳,十分认真,抚恤孤苦,甚得乡里的好评,不久便晋级而成为乡佐。

虽然上司器重,乡亲拥护,但郑玄却不安于乡吏的工作,不愿为吏以谋生,而一心向往研究学术。因此,他在做乡吏的同时,还利用一切可以利用的机会刻苦学习,每逢休假日也不回家,而到学校中向先生请教各种学术问题。他的父亲对此极为反对,并一再督责和训斥他。但父、兄的反对也改变不了他的志向,他仍坚持不懈地努力学习,到二十一岁时,已经博览群书,具有了深厚的经学功底,并精于历数图纬之学,兼精算术,成了一位满腹才学的年轻学者了。

当时有一位名士名叫杜密,和大胆反对宦官的"天下名士"李膺齐名,并称为"李杜"。杜密升任太山太守、北海相,到高密县巡视时见到郑玄,认为他是一个不可多得的人才,就把他升调到郡里为吏录,使他得到进一步学习和深造的机会。于是,郑玄便结束了他的乡吏生涯。到了北海郡不久,郑玄又辞去吏职,入太学受业。他的老师名叫第五元先(第五是复姓),曾任兖州刺史,是一位很有学问的经学博士。郑玄从师第五元先,先后学了《京氏易》、《公羊春秋》、《三统历》、《九章算术》等,俱达到了通晓的程度。其中《京氏易》是西汉京房写的,《公羊春秋》是战国公羊高传述、西汉初成书的,这两部书都是今文经学的重要典籍。《三统历》是西汉刘歆写的历法,《九章算术》则传说是西周周公著的,这两部书都属历数之学的重要著述。

他师事第五元先后,又从东郡张恭祖学习了《周官》、《礼记》、《左氏春秋》、《韩诗》、《古文尚书》等书,其中除《礼记》和《韩诗》外,均为古文经学的重要典籍。郑玄向第五元先和张恭祖学习了今古文经学两大学派的重要经籍后,尚不以此为满足,又从陈球受业,学习了《律令》。在此期间,他还以明经学、表节操为目的,游学于幽、并、兖、豫(今山东、河北、河南一带)各地,遍访名儒,转益多师,虚心向他们学习,共同探讨学术问题。读万卷书,行万里路,不辞劳苦,孜孜求道,到了而立之年,郑玄已经成了一名有着较深造诣的经学家。他的学问在山东(今河南、河北、山东一带)已经可以说首屈一指、无出其右者了。

此时的郑玄虽然已经学富五车,但他自己却毫不满足,深感学无止境,越学反越觉得知识不够用。当他感到关东(函谷关以东)学者已经无人再可请教了的时候,便通过友人卢植的关系,离开故国,千里迢迢西入关中,拜扶风马融为师,以求进一步深造。这一年,郑玄是三十三岁。马融是扶风茂陵(今属陕西兴平)人,为当时全国最著名的经学大师,学识十分渊博。他遍注儒家经典,使古文经学达到了成熟的境地。他的门徒上千,长年追随在身边的就有四百余人,其中优秀者亦达五十人以上。

马融为人比较娇贵和讲究,虽然门徒众多,但他只亲自面授少数高材生,其余学生则由这些高材生转相授业。郑玄投学门下后,三年不为马融所看重,甚至一直没能见到他的面,只能听其高足弟子们的讲授。但郑玄并未因此而放松学习,仍旧日夜寻究诵习,毫无怠倦。有一次,马融和他的一些高足弟子在一起演算浑天(古代一种天文学)问题,遇到疑难而不能自解。有人说郑玄精于数学,于是就把他召去相见。郑玄当场圆满地解决了问题,使马融与在场的弟子们都惊服不已,马融对卢植说:"我和你都不如他呀!"自此以后,马融对郑玄十分看重,郑玄便把平时学习中发现而未解决的疑难问题一一向马融求教,对于典籍的奥旨寻微探幽,无不精研,终得百尺竿头再进一步。

郑玄在马融门下学习了七年,因父母老迈需要归养,就向马融告辞回山东故里。马融此时已经感到郑玄是个了不起的人才,甚至会超过自己,他深有感慨地对弟子们说:"郑生今去,吾道东矣!"意思是说,由他承传的儒家学术思想,一定会由于郑玄的传播而在关东发扬光大。(《后汉书》卷三五;《太平广记》卷二一五)

张芝临池学书

张芝,又叫张伯英,敦煌酒泉(今甘肃省境内)人,东汉书法家。张芝自小酷爱书法艺术,他常常惊叹秦篆的古茂,感慨汉隶的稳健,发誓要通过勤学苦练,成为一代书法大家。

张芝特别喜爱当时流行的"章草",练习章草达到了痴迷的程度。据史书记载,张芝家附近有一个大池塘,池塘里的水一年四季清澈见底,塘中的游鱼和沙石清晰可辨。池塘边有一块废弃的青石板,不知是什么年代的物什。张芝每天早早起来,就趴在这块大青石上读帖,

中 篇 故 事

有时兴起,就用毛笔蘸了水在青石板上练习书法。久而久之,青石板竟然被他磨得非常平滑。

张芝练字进步很快,可是因为家境贫寒,张芝买不起市面上专供书写的纸张。为了节省纸张,张芝常常拿树枝在地上练习,或者蘸了水在桌子上、木板上写。有一天,张芝坐在池塘边的青石板边读帖边在石板上摹写,写着写着,竟涂到了衣襟上。看着衣襟上那块未干的水渍,张芝蓦地发现,身上穿的这件白色长罩衫可以用来练字。他异常兴奋,急忙脱下罩衫,平铺到青石板上,又取来毛笔和砚台,砚好墨,兴致勃勃地写起字来。不大会儿,雪白的衣襟上便写满了字,这些字龙飞凤舞,笔力纵横,上下字之间的笔势自然牵连相通,写得既有章法,又有气势。张芝停笔审视一番,非常满意,便把衣服翻转,在长衫的后片上写起来。他越写兴致越高,后来,索性连两只袖子也铺开弄平当纸写。

张芝抖动着这件写满章草的长罩衫,按捺不住满心的喜悦。今后,他可以堂而皇之地用毛笔蘸了墨汁在衣服上写,再不用为练字的纸而发愁了。可是,没有了衣服,怎么回家呢?如果大着胆子穿着写满字的罩衫回去,父母亲生气了又该怎么办呢?张芝坐在池塘边发呆,清清的池水倒映出他瘦弱的身影。张芝一弯腰,把长衫浸泡在池水里,立刻,长衫上的墨迹将池水染黑了一大片。

从此,张芝每天把写满字的衣服拿到池塘里来洗,有时,母亲还找出家中一些不用的布帛供张芝练习之用。由于张芝每天在池塘中洗练字的布帛、衣物、砚台,时间久了,池塘里的水都变黑了。

功夫不负有心人,张芝刻苦练字终于换来人们的赞誉,他的字融进了对生活的感悟,体势连绵,富于变化,为东汉末年书法爱好者争相临摹。然而,张芝并不就此满足。他潜心研究前代书法家们的作品,在此基础上创造出一种易于辨认、易于书写的新的字体——"今草"。

张芝的今草对后世书法家影响很大,到晋代尤为盛行,称为"晋草"。为了褒扬张芝勤学苦练的精神,人们称练习书法为"临池"。(晋·卫恒《四体书势》)

张仲景勤求古训

张仲景,名机,南阳郡涅阳(今河南省南阳县)人,史称医圣。他自小好学深思,"博通群书,潜乐道术"。十岁时,他已读了许多书,特别是有关医学的书。他的同乡何颙赏识他的才智和特长,曾经对他说:"君用思精而韵不高,后将为良医。"(《何颙别传》)后来,张仲景果真成了良医,被人称为"医中之圣,方中之祖"。这固然和他"用思精"有关,但主要是他热爱医药专业,善于"勤求古训,博采众方"的结果。

张仲景处于动乱的东汉末年,连年混战,"民弃农业",都市田庄多成荒野,人民颠沛流离,饥寒困顿。各地连续暴发瘟疫,尤其是洛阳、南阳、会稽(绍兴)疫情严重。"家家有僵尸之痛,室室有号泣之哀";张仲景的家族也不例外。对这种悲痛的惨景,张仲景目击心伤。"感往昔之论丧,伤横夭之莫救"(《伤寒论》自序)。于是,他发愤研究医学,立志做个能解脱人民疾苦的医生。"上以疗君亲之疾,下以救贫贱之厄,中以保身长全,以养其生"(《伤寒论》自序)。当时,在他的宗族中有个人叫张伯祖,是个极有声望的医生。张仲景为了学习医学,就去拜他做老师。张伯祖见他聪明好学,又有刻苦钻研的精神,就把自己的医学知识和医术,毫无保留地传授给他,而张仲景竟尽得其传。

张仲景治学提倡"勤求古训",认真学习和总结前人的经验。他

中 篇 故 事

曾仔细研读过《素问》、《灵枢》、《难经》、《阴阳大论》、《胎胪药录》等古代医书。其中《素问》对他的影响最大。《素问》说:"夫热病者,皆伤寒之类也。"又说"人之伤于寒也,则为病热"。张仲景根据自己的实践对这个理论作了发展。他认为伤寒是一切热病的总名称,也就是一切因为外感而引起的疾病,都可以叫做"伤寒"。他还认真研究前人留下来的"辨证论治"的治病原则,提出了"六经论伤寒"的新见解。

他除了"勤求古训",还"博采众方",广泛搜集古今治病的有效方药,民间验方也尽力搜集。他对民间喜用的针刺、灸烙、温熨、药摩、坐药、洗浴、润导、浸足、灌耳、吹耳、舌下含药、人工呼吸等多种具体治法都一一加以研究,广积资料。

张仲景热爱医药专业,很重视临床实践,时时"平脉辨证",认真总结自己的临床经验。相传张仲景五十岁左右曾在长沙做太守,当时,他还时刻不忘自己的临床实践,时刻不忘救治人民的疾苦。但他毕竟是个大官,在封建时代,做官的不能入民宅,又不能随便接近普通老百姓。怎么办呢?他想出一个办法,择定每月初一和十五两天,大开衙门,不问政事,让有病的群众进来。他堂堂正正地坐在大堂之上,挨个地仔细给群众治病。时间久了,形成惯例。每逢初一、十五的日子,他的衙门前就聚集了许多来自各方的病人等候看病。为纪念张仲景,后来人们就把坐在药铺里给病人看病的医生,通称"坐堂",那医生就叫"坐堂医生"。

张仲景虽然当官,但并不热衷于官位。不久,他"见朝政日非",叹息地对人说:"君疾可愈,国病难医。"遂挂冠遁去隐于少室山(《得汉医学丛书·丛桂偶记》),专门总结经验,写医学著作。

经过几十年的奋斗,张仲景收集了大量资料,包括他个人在临床实践中的经验,写出了《伤寒杂病论》十六卷(又名《伤寒卒病论》)。这部著作在公元205年左右写成而"大行于世"。到了晋代,名医王叔和加以整理。到了宋代,才渐分为《伤寒论》和《金匮要略》二书。《金匮要略》就是该书的杂病部分。

《伤寒杂病论》是我国最早的理论联系实际的临床诊疗专书。它系统地分析了伤寒的原因、症状、发展阶段和处理方法,创造性地确立了对伤寒病"六经分类"的辨证施治原则,奠定了理、法、方、药的理论基础。书中还精选了三百多方,这些方剂的药物配伍比较精练,主治明确。这些方剂经过千百年临床实践的检验,都证实有较高的疗效,为中医方剂学提供了发展的依据。该书是中国医学史上影响最大的著作之一,是后学者研习中医必备的经典著作,受到医学生和临床大夫的广泛重视。(东汉·张仲景《伤寒杂病论·自序》;唐·甘伯宗《名医录》)

三、三国两晋南北朝故事

曹操雅性节俭

曹操(155—220年),字孟德,小名阿瞒,沛国谯县(今安徽亳州)人。东汉末年杰出的政治家、军事家和诗人。

曹操生性节俭,不喜奢华。他的衣服、被褥、蚊帐、屏风等皆穿用十年以上,经常拆洗、缝补之后再继续使用,就像他所说的:"吾衣被皆十岁也,岁岁解浣补纳之耳。"他认为衣、被要讲究暖和、实用。所以他的衣服、被褥、帷帐等皆没有刺绣修饰。他制作了四个箱子,里边分别盛放着春、夏、秋、冬季节的衣被,并写上:"有不讳(死),随时以敛。金珥珠玉铜铁之物,一不得

送。"出征时,便根据季节的需要带箱子。曹操也不讲究吃。魏明帝的尚书卫觊曾回忆说:"武皇帝时,后宫食不过一肉。"

曹操的日常生活用品只求朴素美,不漆彩色油漆,不讲究华丽,他说:"孤不好鲜饰严具(箱子),所用杂新皮韦笥,以黄韦缘中。遇乱世无韦笥,乃更作方竹严具,以皂韦衣之,粗布作里,此孤之平常所用者也。内中妇曾置严具,于时为之推坏。今方竹严具缘漆甚华好。"说的是他盛放梳篦、毛刷、剪刀等日用品的箱子,原来是旧皮搀新皮、黄色皮镶在中间的;后碰上乱世连这样的皮箱也没了,遂就用方竹做箱子,用黑皮一罩,用粗布衬里,加上漆,不也是很漂亮吗!曹操有头痛病,常需备一盆水浸头;为防止人们议论他不带头节俭,曾先用铜盆,后改为银盆,最后改为木盆。他身旁常挎一黑色小腰包,里边盛放小剪、手巾等日常用具。

曹操生前亲自耕种籍田,死后的丧葬也是从俭办理。他临终前留下遗言:"天下尚未安定,未得遵古也。"即不要遵古厚葬,要薄葬、

简葬;"葬毕,皆除服。"入殓时仍穿平常穿的衣服,"无藏金玉珍宝"。曹操对夫人、婢妾和歌舞艺人也作了安排,命令将多余的薰香"分与诸夫人";各房的人如果无事可做,"可学作组履卖也",也就是学习纺织丝带和做鞋子出售,自谋生路。(《三国志·武帝纪》)

诸葛亮教子以俭养德

诸葛亮一生清正廉洁,不仅始终保持着俭朴的生活作风,而且在教育子女方面也堪称表率。

他结合自己的人生经验写成《戒子书》一文。全文虽只有八十多个字,但辞约意丰,掷地有声,既有谆谆告诫之语,更有殷殷期盼之情。文中以强烈而委婉的语气对幼子在道德修养、持之以恒的学习态度、珍惜年华不虚度光阴等方面提出了要求。这既是他对儿子的要求,也是自己一生经历的感受及体验,表现了他对儿子的教诲与无限的期望。就全文思想内容来看,与其说是言教,更不如说是身教,近两千年来诸葛家族的后代和有志青年无不受其鼓舞。

他认为一个人格高尚的君子的操行,要以宁静来修身养性,以生活节俭来涵养品德。不能淡泊就不能树立远大的理想,不能恬静就无法达到远大的目标。他在给外甥庞涣的信中进一步指出:要坚持自己的远大志向,"忍屈伸,去细碎,广咨问,除嫌吝"。就是说,要不考虑一时的得失,不贪图生活上的细碎的享受,广交师友,不计较个人的恩怨。这样做了,"虽有淹留",也许一时不成功,但"何损于美趣,何患于不济",学习之中自有乐趣,也一定会有用的。怕的是"老不坚毅,意不慷慨,徒碌碌滞于俗,默默束于情",受追求世俗的物质生活和情欲的影响,失去坚强的决心。那就会"永窜伏于凡庸,不免于下流矣"!

鉴于骄逸损志、奢侈致祸的历史教训,诸葛亮不为子弟置办过多的资产。他曾上书刘禅说,自己在"成都有桑八百株,薄田十五顷,子弟衣食,自有余饶……若臣死之后,不使内有余帛,外有赢财,以负陛下"。诸葛亮让子孙生活俭朴一点,目的是为了使他们更有理想,更能成为一个对国家社稷有用的人。在诸葛亮的言传身教下,子孙们德才兼备,忠君爱国。其子诸葛瞻"工书画,强识念",年十七任骑都尉,官至尚书仆射,加军师将军。后魏将邓艾大举攻蜀,遗书诱降,诸葛瞻怒斩来使。最后战败临难死义,年仅三十七岁。诸葛瞻长子诸葛尚也不负国之重恩,驰赴魏军而死。(《三国志·诸葛亮传》;《诸葛亮全书·辑诸葛亮文》)

毛玠清廉持身

毛玠是三国时期曹操手下的重要谋士。他清廉俭朴,以廉选官,以俭自律,时人称之为"廉公"。

建安十三年,曹操任命毛玠任东曹掾,与崔琰共同掌管官吏的选拔、考核与任免。鉴于东汉后期腐败成风,墨吏众多,毛玠便注重选拔清廉有为、品德高尚之人为官。被选拔者不仅要看有无真才实学,更要看是否廉洁俭朴。结党营私、品行不端者全都被斥退。对现任的众多官吏,或利用职务营私舞弊,或贪赃枉法使家财丰足之人,也一律罢免清退,并规定此后不再任用。由于标准明确,措施果断,毛玠的选官之法震动全国,而且影响深远。自此,天下之士莫不以廉洁奉公自勉,以朴素勤俭为美德。当时,朝廷贵戚也不敢胡作非为,出门穿戴、乘车也不敢崇尚奢华,原先的奢靡、贪渎之风为之一变。一时间"吏洁于上,俗移于下",得到百姓拥护。曹操对这样的选人方法很是赞赏,对毛玠、崔琰说:"用人如此,使天人自治,必获成功。"

由于社会风气大变,原先一些奢侈成习的人,为了标榜自己已经洗心革面,出门时故意蓬头垢面,破衣烂衫;上朝时,有的只乘简陋的柴车,或干脆徒步行走。毛玠深知,俭朴之风的真正养成,要靠持之以恒。而持久之道,则是在上者必须身体力行,从自己做起,长期以清廉持身,从严自律。他说到做到。曹操北征乌桓,平定柳城,所获珍宝财物非常丰富。大军凯旋后奖励随军将佐,曹操特地挑选出一幅素屏风、一件素面几赏给毛玠,并对他说:卿有古君子朴实无华、廉政奉公的美德。给别人可赐金银珍玩、丝帛钱财,而赐卿只能用简朴淳素的古人用具,权当纪念吧!别人都明白,曹操给毛玠的物品,乃是对他廉洁奉公的最高赏赐。

毛玠虽然官位显赫,掌握选拔众臣的实权,但从来不以权谋私,不收任何馈赠。他常年布衣素食,过着十分清苦的生活。他悉心抚育兄长遗孤,为官所得的赏赐,常常用于接济生活贫困的同族人。他开朗坦荡,一向把金钱视为身外之物,以至居官数十年,依然是"家无所余"。(《三国志·毛玠传》)

邴原泣学

邴原是三国时期曹操手下的属官,曾经做过司空掾、丞相微事和五官将长史。邴原少年时父亲就去世了,虽然母亲日夜操劳,生活仍是朝不保夕。每当看到邻居家的孩子一大早背着书包蹦蹦跳跳地到学堂去读书,邴原的眼里便射出羡慕的目光。看来,上学读书只能成为自己一个遥不可及的梦想了。家庭的贫困已经压弯了妈妈的腰,懂事的小邴原怎么忍心再让妈妈为了这件事而伤心呢?

有一天,小邴原打完猪草回家,正好经过邻居家的书塾,听到书塾里传来琅琅的读书声,邴原忍不住哭了。书塾的老师问他说:小孩子为啥哭泣？邴原答道：孤儿容易悲哀，穷人容易感伤。那些能够读书学习的人，必然都是些有父母的孩子。我一来羡慕他们不孤单，二来羡慕他们能够上学。内心感伤，因此而哭泣。老师怜悯地说：你想读书就来吧！邴原进了学堂，学习异常努力。一个冬天，就读熟了《孝经》和《论语》。（明·李贽《初潭集》）

董遇利用"三余"读书

董遇，字季直，汉代陕西弘农人。为人朴实敦厚，从小喜欢学习。汉献帝兴平年间，关中李榷等人作乱，董遇和哥哥便投朋友段煨处。董遇和哥哥入山打柴，背回来卖几个钱维持生活。每次去打柴董遇总是带着书本，一有空闲，就拿出来诵读，哥哥讥笑他说：又累又饿，还不歇一歇，哇啦哇啦的干什么！读书能饱肚子吗？董遇听了，既不生气，也不泄气，还是照样读他的书。

董遇对《老子》很有研究，替它作了注释；对《春秋左氏传》也下过很深的工夫，根据研究心得，写成《朱墨别异》。附近的读书人请他讲学，他不肯教，只对人家说：读书百遍，其义自见。请教的人说：您说的有道理，只是苦于没有时间。董遇说：应当用"三余"时间。有人问"三余"是什么？董遇说：三余就是三种空闲时间。冬天，没有多少农活，这是一年里的空闲时间；夜间，不便下地劳动，这是一天里的空闲时间；雨天，不好出门干活，也是一种空闲时间。

董遇生长在离乱年代，是个靠自己的劳动维持生活的穷人，由于善于利用时间、刻苦学习、独立钻研，终于成为三国时期的著名学者。（《三国志·董遇传》）

胡质父清子廉

三国及西晋初期，胡质、胡威父子皆以清廉著称于世。胡质，字文德，淮南寿春人，魏文帝时，官至东莞太守、荆州刺史，后加封振威将军，赐爵关内侯；其子胡威，字伯虎，晋武帝时官至青州刺史。

胡质在曹操当政时还只是个不起眼的小吏，他之所以日后官职显要，既不靠逢迎拍马，也不靠贿赂开路，而是靠自己的清正廉洁和勤勉政绩。魏文帝曹丕在位时，胡质任东莞太守，他在东莞九年，政通人和，上下称颂；到荆州任刺史后，他的政绩依然卓著。他任职之处，形成了"广农积谷，有兼年之储"的富庶局面。公元250年，胡质病逝时，"家无余财，惟有赐衣书箧而已"。四年后，朝廷追思清廉之士时，考虑到胡质一生为官清廉，体恤民情，特下诏褒奖其清廉品德，并"赐其家钱谷"。

胡威受父亲胡质的影响，年少时就有志继承和发扬其父的清廉美德。有一年，胡威从洛阳去探望在荆州当刺史的父亲。胡质虽然当官，可家中并不富裕，以至于胡威去看望父亲时没有一车一马，也没有仆人随从，只好骑着毛驴独自上路。途中住宿客栈时，胡威自己劈柴、做饭、放驴。同住客栈的得知他是荆州刺史胡质之子后，无不惊讶，又无不钦佩。在荆州小住几天后，胡威向父亲辞行，胡质很想拿点什么东西表示一下做父亲的心意。翻来翻去，胡质总算从家里翻出了一匹绢。胡质望着临行的儿子，深有感触地说："儿啊，父亲虽官居刺史，但我一生只食俸禄，这匹绢你拿着，就算为父给你路上的盘缠吧。"可没想到胡威不但不领情，反而责问父亲："人们都说您清正廉洁，为官不贪不占，不知道此绢从何而来？"胡质先是一愣，然后解释道："这是我节余下来的，用来给你作盘缠。"胡威这才放下心来。

后来胡威历任徐州刺史、青州刺史等职,他也同父亲一样廉洁自律,克己奉公,为官一任,造福一方。

晋武帝司马炎闻知胡氏父子为官清廉的美名后即召见胡威,对他父子二人的廉洁奉公大为赞赏,并随口问道:你和你父亲相比,谁清廉?胡威答道:我不如我父亲。晋武帝又问:为什么?胡威回答说:我父亲清廉不愿意让人知道,我是恐怕别人不知道,所以我比我父亲差远了!

太康元年(280年),胡威卒于青州刺史任上,朝廷因其政绩突出,且为官清廉,特追赐他为镇东将军,加封谥号为"烈"。(《三国志·胡质传》;《晋书·胡威传》)

吴隐之卖狗嫁女

吴隐之,字处默,东晋淮阳人。他幼年丧父,家境贫寒,但勤奋好学,又天资聪敏,尤其是操行端正,事母极孝,所以很早便获得了"儒雅之士"的名声。长大后,经旧邻韩康伯推荐,开始出任"辅国功曹",随后官职不断升迁,历任卫将军主簿、晋陵太守、左卫将军、广州刺史、太常、中领军等职。

吴隐之做官之后,仍保持多年来养成的俭朴作风。每月领到俸禄,几乎全部用来接济贫穷的亲友和乡邻,而自己则过着十分清苦的日子。据记载,他家中有时缺粮,就一天并作一顿吃;穿的,永远是布衣;出门从不坐车子。他的妻子刘氏,每日纺线织布,劈柴烧饭。有一次,刘氏为孩子们拆洗棉衣没有干,只好让他们披着棉絮来御寒。

在吴隐之担任卫将军谢石主簿时,他的女儿正值婚龄。有一天,吴隐之和随从外出办事,半路上下起雨来。他们正想找个地方避避雨,却见一位书生抱着蓑衣挨雨淋。吴隐之不解,便问他:你为何抱着蓑衣不用,却任凭雨淋呢?那书生答道:这蓑衣是我在路上捡到的,找不着失主,我只好抱着。如果我披在身上,想那失主心疼蓑衣更不好受!吴隐之顿时对他产生了好感,遂又问起他的姓名、年龄、住址和家庭情况。回府后,经夫人同意,托人保媒将女儿许配给了那位书生。

女儿出嫁,这在一般人家也是件大事,更何况是官宦人家。卫将军谢石知道吴隐之一向清贫,于是特地派管家带着厨子和物品到他家帮着办喜事。管家刚到吴家大门,就看见吴家的仆人牵着一条狗往外走。管家问道:你家小姐今天出嫁,怎么一点筹办的样子都没有?仆人皱着眉说:别提了,我家主人太过分节俭了,小姐今天出嫁,主人昨天晚上才吩咐准备。我原以为这回主人该破费一下了,谁知主人竟叫我今天早晨到集市上去把这条狗卖掉,用卖狗的钱再去置办东西。你说,一条狗能卖多少钱?我看平民百姓嫁女儿也比我家主人气派啊!管家感叹道:人人都说吴大人是少有的清官,看来真是名不虚传。(《晋书·吴隐之》)

祖逖闻鸡起舞

晋代的祖逖是个胸怀坦荡、具有远大抱负的人。可他小时候却是个不爱读书的淘气孩子。进入青年时代,他意识到自己知识的贫乏,深感不读书无以报效国家,于是就发奋读起书来。他广泛阅读书籍,认真学习历史,从中汲取了丰富的知识,学问大有长进。他曾几次进出京都洛阳,接触过他的人都说,祖逖是个能辅佐帝王治理国家的人才。祖逖二十四岁的时候,曾有人推荐他去做官,他没有答应,仍然不懈地努力读书。

后来,祖逖和幼时的好友刘琨一志担任司州主簿。他与刘琨感情深厚,不仅常常同床而卧,同被而眠,而且还有着共同的远大理想:建功立业,复兴晋国,成为国家的栋梁之才。

一次,半夜里祖逖在睡梦中听到公鸡的鸣叫声,他一脚把刘琨踢醒,对他说:别人都认为半夜听见鸡叫不吉利,我偏不这样想,咱们干脆以后听见鸡叫就起床练剑如何?刘琨欣然同意。于是他们每天鸡叫后就起床练剑,剑光飞舞,剑声铿锵。春去冬来,寒来暑往,从不间断。功夫不负有心人,经过长期的刻苦学习和训练,他们终于成为能文能武的全才,既能写得一手好文章,又能带兵打胜仗。祖逖被封为镇西将军,实现了他报效国家的愿望;刘琨做了都督,兼管并、冀、幽三州的军事,也充分发挥了他的文才武略。(《晋书·祖逖传》)

车胤囊萤照读

车胤(333—401年),字武子,东晋时期南平(今湖北省公安县东北)人。他从小就非常喜欢读书,读起书来不知疲倦,常常废寝忘食,需要父母提醒。

有一次,他父亲的一位朋友上门拜访,闲谈之中,发现坐在窗前的车胤一直在专心地读书,并没有因他的到来和交谈而分心。他想考验一下车胤是否真的注意力集中,就喊了一声车胤的名字。可是车胤仍然纹丝不动地坐在那里读书,头也没有抬一下,根本没有听见他的喊声。这位朋友见车胤读书这样专心致志,便高兴地对他父亲说:您这孩子学习专心,应该让他多读点书。父亲听了很高兴,从此便亲自指导车胤学习,车胤因此进步很快。

由于家境贫寒,无法为他创造更好的学习条件,有时连饭都吃不饱,更没有钱去买油点灯。车胤和他的父亲为天黑不能读书都十分苦恼。有一年夏天,天渐渐地黑了。车胤吃了晚饭后,就搬了个板凳坐在门前的晒谷场里,一边乘凉,一边背诵着白天所读的书。当车胤正背得起劲的时候,突然,一只闪着亮光的萤火虫从他眼前一飞而过。他并没有在意,而是继续背他的书。可是,没一会,另一只萤火虫又飞来了,并且老是在他眼前转来转去,尾巴上的亮光还一闪一闪的。于是车胤顺手拿起蒲扇对准萤火虫猛地一拍,这只萤火虫一下跌到了地上。车胤拾起地上的萤火虫,放在手掌上,他发现萤火虫并没有死,屁股还在闪光。对着这只萤火虫,车胤心里突然一亮。他一下子变得高兴起来,立即跑进屋里,找了只透明的袋子,小心翼翼地把手里的萤火虫放进袋子里。他就跑到屋后的半山腰,一看,星星点点的萤火虫在漫天飞舞,这可乐坏了他。他尽情地捉,把它们放在袋子里,再扎住袋子口,回到家中,把袋子吊在案前,利用它埋头学习。从此以后,只要有萤火虫,车胤都要去捕捉一些来当作灯使用,利用晚上宝贵的时间来学习。车胤就是在这盏世界上独一无二的"灯"下,孜孜不倦地学习,终于成了一个学识渊博的人。

他功名仕途一生,为国为民,鞠躬尽瘁,先后曾任中书侍郎、侍中、国子监博学、骠骑长史、太常、护军将军、丹阳尹、吏部尚书等职,两次晋爵后,先后被朝廷封为关内侯、临湘侯,职守功勋,颇极一时之盛。(《晋书·车胤传》)

王羲之勤学苦练

王羲之,东晋书法家,官至右军将军、会稽内史,人称"王右军"。他的书法真、行、草、隶诸体皆精,尤其擅长真书、行书。字势雄强多变化,有"龙跃天门、虎卧凤阁"之誉,为历代书法家所崇尚,有"书圣"之称。

王羲之的书法之所以取得这样的成就,同他转益多师,刻苦磨砺分不开。他真书学钟繇,草书学张芝。他自己说过,他的书法可与钟繇分庭抗礼,与张芝并驾齐驱。他还向魏碑和汉碑学习,追摹书法源流。他自己说:我小时候学习卫夫人书法,自认为学得很有成绩了。后来渡江到北方游历了一些名山大川,见到了李斯、曹喜等人的书法;到许下见到了钟繇、梁鹄的书法;到洛下见到了蔡邕的三体《石经》;在叔伯哥哥王洽处见到张昶的《华岳碑》,才知道仅仅学习卫夫人,还是远远不够的,白白浪费时间罢了。于是转变师承,向众碑学习。

王羲之学习是极其刻苦的。他不仅每天要花大量时间练字,就是走路、吃饭、与朋友闲谈,也总是想着写字的笔法,用手到处指指画画。据传,有一回他在书房里练字,书童送来了他最喜爱吃的馒头沾蒜泥。几次催他吃饭,他连头也不抬一下,继续挥笔直书。书童只好请王羲之的夫人来劝他用餐。王夫人来到书房,见他手正拿着一块沾满墨汁的馒头往嘴里塞。原来,在他吃馒头的时候,眼睛看着字,

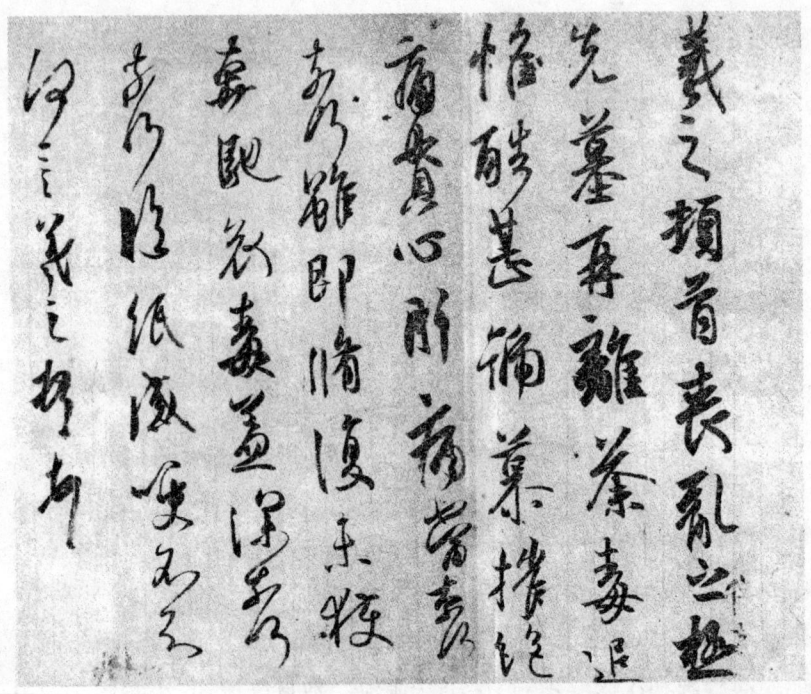

脑子里想着字,因而错将墨汁当蒜泥,一边练字一边吃,还直夸夫人做的蒜泥好吃呢!

王羲之习学书法,不仅从有字碑、有字帖学习,而且善于从无字碑、无字帖学习。这也有许多有趣的传说。山阴道上空灵秀逸的江南山水,给了他的书法清朗俊逸的风格。他不仅师法大自然,从大自然中吸取书法中的灵气,而且善于观察动物。他特别爱鹅,从鹅的步履沉稳,鸣声清越,举首展翅的疏朗飘逸中体会书法结体中疏密、开合的种种奥妙。有一次,他听说山阴有一个道士,养着几只美丽的鹅,王羲之便兴致勃勃地前往参观。他到了道士那里,正看见几只雪白的鹅双翅扇动,追逐嬉戏,确实活泼可爱。王羲之爱不忍离,再三请求道士把几只鹅卖给他。道士推辞了一番,最后说:你如果真的看中了我的鹅,就请你为我写一篇《道德经》,这几只鹅就送给你了。王羲之欣然答应,为道士写了《道德经》,把鹅装入笼子里带回了家。其实,这是因为道士喜欢王羲之的字,王羲之却不轻易为人写字。道士打听到他特别喜欢鹅,故意采取以鹅易字的方法。至今,绍兴城内戒珠寺和城外兰亭都有鹅池,碑文皆为王羲之所书。

王羲之从六七岁开始练字,直到五十九岁死时为止,五十年间笔耕不辍。愈到晚年,愈是老练沉雄。他很钦佩汉代张芝"临池学书,池水尽黑"的学习精神,常常以此鞭策自己。根据记载,除绍兴兰亭外,江西临川的新城山、浙江永嘉积谷山以及江西庐山归宗寺等处,都有他的墨池。(《晋书·王羲之传》)

左思发愤创作《三都赋》

左思,字太冲,临淄(今山东淄博)人。左思的父亲叫左雍,出身小吏,后以才干授殿中侍御史。左思还有一个妹妹名叫左棻,是当时著名的女诗人。

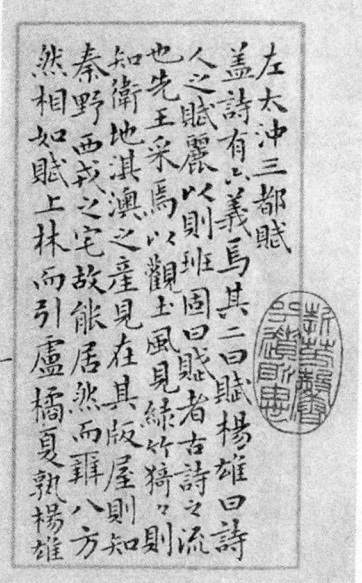

左思小时候,父亲一直看不起他。父亲见儿子身材矮小,貌不惊人,说话结巴,常常对外人说后悔生了这个儿子。及至左思成年,左雍还对朋友们说:左思虽然成年了,可是他掌握的知识和道理,还不如我小时候呢。

左思不甘心受到这种鄙视,开

始发愤学习。当他读过东汉班固的《两都赋》和张衡的《两京赋》后,虽然很佩服文中的宏大气魄和华丽文辞,但也看出了其中虚而不实、大而无当的弊病。于是,他决心依据事实和历史,创作一篇《三都赋》,把三国时魏都邺城、蜀都成都、吴都建业写入赋中。

为了让《三都赋》写得笔笔有着落有根据,左思开始收集大量的历史、地理、物产、风俗人情的资料。收集好后,他闭门谢客,开始苦写。他在一个书纸铺天盖地的屋子里昼夜冥思苦想,常常是好久才推敲出一个满意的句子。经过十年,这篇凝结着左思心血的《三都赋》终于写成了!

《三都赋》果然是绝美佳作,文笔流畅,精彩传神,让人读后叹为观止。据记载,《三都赋》问世后受到朝野各界热烈赞颂,一时风行洛阳,"豪贵之家,竞相传写,洛阳为之纸贵"。此后"洛阳纸贵"便成了著名典故,用来称颂杰出作品的风行一时。(《晋书·文苑传·左思传》)

王恭身无长物

王恭,字孝伯,东晋外戚,太原晋阳人。曾经担任过丹阳尹、中书令、太子詹事等职。王恭生活非常简朴、清廉,为官正直、敢言。

有一次,王恭从会稽回到都城建康,王忱(又名王大)去看望他,见王恭坐在六尺长的竹席上,王忱就对他说:你从会稽回来,应该有多余的这种竹席,能否给我一领?王恭没有立即回答,待王忱离开后,就叫人把自己坐的那领竹席送给王忱。王恭没有多余的席子,就只能坐在草垫子上。后来,王忱听说此事,大为惊讶,说:我原以为你有好几领,所以才向你要的。王恭回答说:你不了解我,我做人,家里从来就没有多余的东西。王忱听罢,对王恭的廉洁简朴的美德,更加

敬佩。(南朝宋·刘义庆《世说新语·德行》)

殷仲堪不改旧志

殷仲堪,河南陈郡人,出身于没落士族,年轻时曾任职于北府兵,做谢玄的参军。因父亲久病于床,他日夜流泪熬药,一只眼睛失明。他喜欢玄学,长于清谈,在当时与韩伯齐名。殷仲堪为人沉静、清俭、谨慎,孝武帝非常喜欢他。太元十七年(392年),王忱死,孝武帝力排众议,拒绝以王国宝继任,而派玄学将军殷仲堪领荆州刺史,镇江陵。

殷仲堪上任时,恰逢荆州地方连年水涝成灾,谷物歉收。殷仲堪以身作则,每次吃饭,常常只有五盘蔬菜,再没有别的佳肴。饭粒掉到餐桌上,也马上捡起来吃了。这样做虽然是有心为人表率,却也是由于他生性朴素。他常常对子弟们说:不要以为我出任一州长官,就认为我会把平素的操守丢弃。现在我身处高位,仍不会改变过去的志向。安于清贫,是读书人的本分,怎么能够登上高枝就把树干抛弃了呢?你们要把这个道理牢牢记在心里。(南朝宋·刘义庆《世说新语·德行》)

陶侃珍惜一草一木

陶侃(259-334年),字士行,庐江浔阳(现江西九江)人,曾任荆州刺史、侍中、太尉等职,为晋朝一代名将。他从军四十年,身经百战,威震疆场。前人用"机神明鉴、清廉勤政"八个字来概括他的一生。他所到之处,简刑罚,劝课农桑,使百姓能安居乐业;勤俭节约,反腐倡廉,惩治贪官懒吏,深受将士和百姓的爱戴。

有一年,在荆州刺史的任上,因战备需要造一批战船,陶侃常去现场视察督导,发现大量的剩竹头和木屑扔得到处都是,觉得很可惜,就下令将所有的木屑和竹头都收起来,不准丢掉。大家都很纳闷,在背后偷偷地笑他吝啬。这年冬天,下起了大雪。雪后初晴,又结起了冰,路上很滑,行人跌倒的不少。陶侃叫人将收藏的木屑取来洒在地上,路就不再滑了。后来桓温伐蜀的时候,急着要造一批大船,发现缺少装船用的竹钉,于是将陶侃贮藏的竹头、竹尾拿出来,做成钉子用来钉船只。到这时,背后悄悄笑他的人,才明白陶侃不只是节俭,而且很有远见卓识。

陶侃十分爱惜光阴,认为浪费时间是一种犯罪。他经常对人说:大禹王是一位圣人,爱惜寸阴;至于我们就得爱惜分阴了。岂能耽于安逸游乐,荒于醉酒,生无益于这个社会,死无闻于后人。那真是自暴自弃了。部下有空谈、喝酒、赌博而误事的,他常为之恼怒,并命人将酒器、赌具拿来,全部扔进大江,对为首的将领和官吏,更是严厉处罚。

陶侃不但自己节俭,而且非常反感那些不珍惜财物的人。有一次,陶侃出外巡视,看见一个人手里拿着一把尚未成熟的稻穗。陶侃问他:你要用这稻穗干什么?这个人说:走在路上看见稻穗,随便抽取它一把罢了。陶侃听了大怒道:你已经不种田,还闹着玩损坏别人辛辛苦苦种出来的稻穗!便叫人把他抓起来,用鞭子狠狠地抽打他。由于陶侃爱护庄稼而且执法严厉,他管辖的地方老百姓对农田种植更加勤劳,粮食年年丰收,家家殷实,人人富足。(《晋书·陶侃传》)

孙康映雪夜读

孙康,晋代京兆(今河南洛阳)人,官至御史大夫。孙康幼时酷爱学习,常常感到时间不够用。他想夜以继日攻读,可家中贫穷,没钱购买灯油。一到天黑,便没有办法读书。特别到了冬天,长夜漫漫,他有时辗转很久,难以入睡。实在没有办法,只好白天多看书,晚上在床上默诵。

一天夜里,他一觉醒来,忽然发现从窗外透进几丝白光。开门一看,原来下了一场大雪。屋顶白了,地上白了,树上也白了。整个大地披上一层银装,闪闪发光,使他眼花缭乱。他站在院子里欣赏银装素裹的雪后美景,忽然心中一动:映着雪光,可否读书呢?他急急忙忙跑回到屋里,拿出书来对着雪地的反光一看,果然字迹清楚,比一盏昏黄的小油灯要亮堂得多呢!

从此孙康不再为没有灯油而发愁。整个冬天,他夜以继日地读书,不怕寒冷,也不感到疲倦,常常一直读到鸡叫。即使是北风呼号,滴水成冰,他也从来没中断学习。功夫不负有心人,孙康砥砺求进,学有大成,终于成为一位很有名望的学者。(唐·李善注引《孙氏世录》;明·廖用贤《尚友录》)

刘裕自奉俭约

宋武帝刘裕节俭过人,"性尤简易,常著连齿木屐"。每步行出游,"从者不过十余人"。

在大明年间,他的寝宫年久失修,被雷雨所坏,负责维修的官吏在原址上修建了玉烛殿作为寝宫。竣工后,刘裕率领群臣前去参观。群臣过去一看,室内布置非常朴素,皇帝睡的也只是民间的一般木床,床头挂的也是土布帐子,壁上挂的是葛布做的灯笼,寝宫中的一切设置,并不比富裕一些的老百姓的家里好多少。群臣无不惊叹,说这哪里像是皇帝之家呢?刘裕却笑着说:我本是一个种田的乡巴佬,能有今日,全都是仰仗诸位臣子的力量和上天的恩赐,比起当初,我感到这已经算是过分了。怀着一颗感激之心,我们才能与天下同乐;怀着一颗贪欲之心,整个天下也将它填不满啊!

他的衣服没有锦绣宝玉作装饰,宫中也不允许后妃们身着纨绮丽服,使用昂贵器皿。有一次,宁州地方官献给刘裕一个琥珀枕,色彩鲜艳,晶莹剔透,看起来非常典雅。因为琥珀可入药治疗刀剑创伤,当时正值要出兵北征,刘裕得到琥珀枕后非常高兴,立即命人捣碎后分给诸位出征将领备用。

名士殷仲文曾经劝刘裕蓄养歌伎,刘裕说:我不懂音乐。殷仲文便说:只要有了歌伎,经常听听她们歌唱,看看她们舞蹈,慢慢自然就懂了。刘裕回答道:我正因为怕自己懂了会上瘾,所以不愿享受。

正是由于刘裕带头节俭,以身作则,东晋以来嚣张的奢侈之风有所收敛。(《南史·宋本纪》)

江泌映月夜读

南北朝时期,有一个勤奋好学、惜时如金的少年叫江泌。江泌小的时候,家里很穷,父母又体弱多病,他根本无法去上学读书,只好每天到学堂门口边补鞋边偷听老师讲课。可光听不行,不亲自读书,怎么能学到更多的东西呢?白天补鞋听课,没有时间,只能利用晚上。但家里又没有钱买灯油,怎么办呢?

后来,江泌想到了"映月"夜读的办法。每到明月当空的时候,总可以在江家小院中看到他借着皎洁的月光捧书夜读的情景。有时候,读着读着,月亮就悄悄地爬到屋子那边去了。屋子挡住了月光,又看不清字迹了,没办法,他只好搬来梯子,爬上房,坐在屋顶上,继续读书。偶尔白天干活实在太累了,晚上在屋顶上读着读着,眼睛都睁不开了,一不注意就从屋顶上摔下来,他也不生气。因为一跤虽然摔痛了屁股,可也把他的瞌睡给摔跑了。他站起来,拍拍身上的土,又爬上屋顶,继续看起来,直到月儿完全躲进了云层里,不再出来……

　　正是靠着这样的苦学,江泌后来终于成了一个博学多才的学者。(《南史·江泌传》)

智永与"退笔冢"

　　智永禅师,原名王法极,系王羲之的七世孙,有名的书法家。因在绍兴永欣寺出家,法号智永。智永成名后,向他求字题匾的人络绎不绝,日久天长,将寺院的门槛都踩坏了,最后只得用铁皮包起来,人称"铁门槛"。

　　智永禅师晚年时,有一天正在指导一位小沙弥练字,几位年轻书生慕名而来谒求大师的墨宝,并请教他写字的秘诀。智永笑答,赠字不难,但秘诀实无,不过可以奉送诸位四字:"勤学苦练",如能持之以恒,保证一生受用不尽。书生闻言,大失所望。智永禅师便耐心开导他们:俗话说"锲而不舍,金石可镂"。即以老衲先祖羲之公和献之公为例,羲之公以东汉张芝"临池写书,池水尽黑"的事迹激励自己,一生苦练不辍。洗砚曾染黑过庐山的归宗寺、临江的新城山、建康的钟山、浙江的积谷山和山阴等地的五六处池水。献之公学书曾用尽十八大缸清水,老衲学书也是靠勤学苦练,才有今日的成就。

　　众书生听后,并未尽信。智永禅师便命小沙弥打开后院门,带领他们去寺中的塔林,在一棵枝繁叶茂的大树下有一座高高的坟冢。书生们大惑不解,禅师指冢说:"我习书一生,练字磨秃的笔头尽在于此。"冢前立一石碑,上刻"退笔冢"三字,下有"僧智永立"几个小字,背后还有智永写的一篇墓志铭。偌大一座坟冢,贮满秃笔头,书生们看罢,惊愕不已。小沙弥告诉书生,师父写字的秃笔,初时装满五大筐。为练好字,在寺内阁上住了多年,还临写了八百多本《真草千字文》,分赠浙东各寺庙。

书生们听后恍然大悟,智永所言不谬,"宝剑锋从磨砺出,梅花香自苦寒来"。任何学术要达到高峰,没有捷径可走,亦无秘诀可言,只有勤学苦练,才是惟一的途径。(唐·张怀瓘《书断》)

虞玩之无力买屐

虞玩之,字茂瑶,会稽余姚人。秉直敢言,为官清正。他生活节俭,很得萧道成赏识。刘宋末年,萧道成执政,虞玩之穿着木屐去致贺。那双木屐已经开裂,扣袢也断了,用草绳接起来。萧道成问他穿了几年,虞玩之回答说,自从我进入仕途,就买了这双木屐,已经二十多年了,像我这样的寒士实在无力重添一双新的。(《南齐书·虞玩之传》)

顾欢燃糠夜读

顾欢(420—483年),字景怡,一字玄平,吴郡盐官(今浙江海宁)人,南朝宋、齐时代著名的道教思想家。

顾欢家境贫寒,但自幼便非常好学。他父亲曾经叫他去田里驱赶鸟雀,他一心想着读书,蹲在田头专心致志地作了一篇《黄雀赋》,稻谷却让鸟雀吃了一大半。回到家里,父亲正想责备他,看到他所作的赋,知道他不是贪玩,也就原谅了他。乡间有个学舍,顾欢交不起学费,不能入学,就在墙外偷听,跟着人家念。由于他专心,听过的东西也就全部记住了。夜晚读书,要么点松枝,要么燃糠皮照明。他就在这样艰苦的条件下坚持学习,终于成为知识渊博的人。后来他自

己办学馆教人读书,学生多达百人。他刻苦自学的故事也广为流传。(《南史·顾欢传》;《南齐书·顾欢传》)

庾杲之清贫自业

庾杲之,南朝宋、齐大臣,字景行,新野人,少时好学。曾做到齐武帝征虏府功曹、尚书驾部郎,地位很高。但他一向安于清贫,生活很节俭,常自种蔬菜而食。下饭菜常常只有腌韭菜、煮韭菜、生韭菜三种。有人开玩笑说:"谁说庾郎贫苦,吃饭常常有二十七种菜呢。"这是说三韭(九)二十七。(《南齐书·庾杲之传》)

王罴痛恨浪费

王罴,字熊罴,京兆霸城人。他刚直倔强,处事公平,州郡人对他又敬又怕。北魏太和年间,他被任命为殿中将军,不久升为雍州别驾。他生性节俭,痛恨浪费。有一次,接待皇帝派来的使者,他招待吃饭。使者拿过薄饼,把发硬的一圈边缘撕掉。王罴看了很不高兴,说:粮食来之不易,粒粒浸透了种田人的汗水。做成薄饼又很费事,你这样挑挑拣拣,肯定还不饿。于是命令下人把饭菜撤去。使者先是目瞪口呆,接着惭愧地低下了头。

还有一次,有个客人到王家,王罴请他一起吃瓜。客人削瓜皮的时候把瓜肉削下来很多,王罴看了非常不高兴,一等瓜皮落地,便立即伸手捡起来,把上面的瓜肉啃干净,举止自然,毫不做作。客人羞愧得无地自容。王罴最终死于任上,身死之日,家里一贫如洗。时人都非常钦佩他的清廉。(《周书》卷一八;《北史》卷六二)

四、隋唐故事

隋文帝勤政节俭

隋文帝杨坚是历史上有名的勤政节俭之君。他目睹北周武帝的严谨节俭和北周宣帝的荒唐奢侈，认定"力俭则富，贪奢则亡"的道理，主政后"节俭恤民，勤政务实"。

据史书记载，杨坚每日清晨上朝理事，直到过午也不知疲倦。有时和大臣讨论国事，往往日薄西山还不罢休，侍卫只好将饭菜送上殿堂，这在封建帝王中是独一无二的。他经常外出察访，路逢上表者，则驻马亲自询问，诸如官吏为政之得失，百姓生活之疾苦，均在察访之列。为了惩治贪官，他派人伪行贿赂；受贿者则处以死刑，且亲自临决。开皇年间，关中地区大旱，百姓无以为生，他派人至民间察看百姓所食何物，有人以豆屑杂糠回奏，杨坚流涕展示群臣，并引咎自责，减损御膳，一年之间不食酒肉。还让关中饥民就食河南，泽及万民，堪称义举。

在生活上，杨坚的俭朴之风，亦为世称颂。史称杨坚"居处服饰，务在节俭"。隋宫嫔妃，均着多次浣濯之衣。车马服饰破敝，补缀而用，不得新制。杨坚平日御膳，荤食只限一肉，素菜数碟而已。开皇十五年(595年)，相州刺史豆卢通进贡绫纹布匹，杨坚命焚毁于朝堂之上。此后，再无贡物邀宠之徒，敢于效尤希宠。俭朴之风，上下相化。在开皇、仁寿之间，官吏均不穿绸缎，不饰珠宝；常服多为布帛，装带不过铜铁骨角制品而已。这种俭朴之风的形成，虽有"齐之以刑"的因素,但杨坚本人的榜样作用不容忽视。

　　杨坚建国之后,还注意宽恤民力,轻徭薄赋。开皇元年,即位伊始,他就将官牛五千头分给贫民,帮助他们发展生产。第二年又颁布均田租调的新法令,继续推行北魏以来的"均田制"。规定一个成年男子受"露田"八十亩,"永业田"二十亩;妇女受"露田"四十亩。"永业田"永为受者私有,"露田"在受者死后必须归还。还颁布"轻税入官"政策。"轻税"就是减轻农民负担;"入官"就是整理户籍,把交纳税物的农户从地方豪族手中转为国家税户。开皇三年下令将百姓成丁的年龄由十八岁推迟到二十一岁;丁男服役期限,由一个月减为二十天。每户调入国库的绢由一匹(四丈)减为两丈。这些富民政策,不到几年便使隋朝仓库充盈,民康物阜。《隋书·食货志》就记载当时"中外仓库,无不盈积",京师"帑屋(钱库)既充,积于廊庑(室外走廊)之下"。(《隋书·高祖本纪》)

辛公义勤政爱民

　　在我国史书中,有一部分"奉法循理之吏"(司马迁语)被称为"循吏",他们勤政爱民,廉洁奉公,在任上往往能急百姓之所急,想百姓之所想,是百姓心中的好父母官。隋朝的辛公义就是其中的一位杰出代表。

　　辛公义,陇西狄道(今属甘肃省)人。早年丧父,由母亲一人抚养,母亲亲自教他读书。北周天和年间,朝廷挑选品性好的人做太学生。辛公义因读书勤奋而出名。初仕北周,曾任宣纳中士、掌治上士、扫寇将军等职。隋朝建立后,历任礼部主客侍郎、兵部驾部侍郎、岷州刺史、牟州刺史、司隶大夫等职。

　　隋开皇九年(589年),辛公义被任命为岷州(今甘肃岷县)刺史。

岷州地处西北部边远地区,当时那里经济文化比较落后,有一种极为愚昧的风俗:人们十分害怕疾病,家中一旦有人患病,全家人都躲避他,就连父子之间、夫妻之间也不看护照料,致使病人忍受着病痛的煎熬,活活等死。辛公义上任后,对这种情况很是担忧,认为如不改变这种习俗,将有碍百姓的生产生活和社会安定。于是分别派遣官吏巡行观察管辖地,凡是患病的人,都用床运来,把他们安置在他办公的大厅里。夏天流行瘟病时,病人有时候多到几百人,厅堂内外都放满了病人。辛公义亲自摆放一张床,独自坐在里面,从白天到黑夜,面对病人处理政务。他自己的俸禄,全部用来买药,用来请医生为他们治病。他还亲自劝说和照料病人进食,做病人家属的工作。病人痊愈了,辛公义就叫他们的亲人来,并对他们说:死是由天决定的,不会相互传染。过去病人死了,是因为家人抛弃他们,不照料他们。现在我将患病的人聚集起来,并在他们中间办事睡觉,不仅我没有患病而死,病人也都恢复健康了。以后,你们不要再相信传染这件事了。那些病人家属们都既惭愧又高兴,惭愧的是不该抛弃病人,高兴的是岷州百姓有辛公义这样的好父母官,使自己患病的亲人得以痊愈,使家人重新团聚。他们频频向辛公义叩头致谢,然后领着病愈的亲人回家。后来,百姓家里再有人患病,能够得到家人的照料,而不被抛弃。对于孤寡病人,辛公义就收留下来帮助其治疗疾病。一时间,辛公义收留病人使病人获愈的事迹传开了,当地畏避病人、抛弃病人的愚昧习俗得以改变。老百姓感激地称辛公义为"慈母"。

辛公义办案认真负责,从不马虎草率。他调任牟州刺史,刚到任,就先到监狱里,坐在牢房外的露天场地,亲自审问案情。连续十多天,直到把案件全部审理完,才迈进官府大堂。受领的新案子,不论案件大小,他都认真审理,一丝不苟。当日有审理不完的案件,他就住宿于公堂,直到审理完毕才回到自己的住处。有人劝他说:案子这事需要有一定的时间,你何必折磨自己呢! 辛公义回答说:我作刺史无德无才,不能教化百姓向善,仍让百姓蒙受牢狱之灾,哪里有百姓被关在狱中而刺史却心安理得的呢? 罪犯听到这话后,都深受感动,诚心服罪。后来有想打官司的,百姓们就纷纷劝阻:这是小事,怎么能忍心让刺史大人辛苦劳累呢? 在辛公义品行的感化下,打官司的人大多双方相让而不再打官司。(《隋书·循吏传》卷七三;《资治通鉴》卷一七七)

李密牛角挂书

李密(582—619年),字法主,京兆长安(今陕西西安)人,隋朝末年农民起义军领袖,著名军事家、战略家。少年时被派在隋炀帝的宫廷里当侍卫。他生性好动,在值班的时候,左顾右盼,被隋炀帝发现了,认为这孩子不大老实,就免了他的差使。李密并不懊丧,回家以后,发愤读书,决定做个有学问的人。他打听到缑山有一位名士包恺,就前去向他求学。

李密骑上一头牛就出发了,牛背上铺着用蒲草编的垫子,牛角上挂着一部《汉书》。李密一边赶路一边读《汉书》中的《项羽传》,正巧越国公杨素骑着快马从后面赶上来,勒住马赞扬他:这么勤奋的书生真是少见呵!少年书生回过头来,一见是越国公,赶紧从牛背上跳下来行礼。一老一少在路上交谈起来,李密谈吐不俗,让杨素深深感到他不同寻常。杨素回家后告诉其子杨玄感,杨玄感即倾心结交。后来李密成了隋末农民起义队伍瓦岗军的首领。(《新唐书·列传·李密传》)

唐太宗戒奢从俭

唐太宗李世民在推翻隋朝的过程中,深刻地领悟到作为君临天下的帝王,拥有至高无上的权力,极易滋长骄奢逸乐的思想。从即位起,他便注意节制自己的欲望,戒奢从俭,减轻百姓的负担,从而增强国力。

唐太宗即位后,所住的宫殿,还是隋朝时建的宫殿,经战火焚烧,早已破旧不堪。按照惯例,新王朝国君都要大兴土木,另建新宫,至少也要将旧宫修复,装饰一新。唐太宗目睹隋朝奢侈亡国的教训,"不敢纵逸",一直不许兴建新的宫殿。太宗患有"气疾",所住的宫殿又潮湿,夏暑秋凉,容易引起旧病复发。贞观二年,有大臣从爱护他的健康出发,奏请朝廷"营一阁以居之"。唐太宗说:我有气疾,确实不宜居住卑湿之宫,可是要大兴土木,必然靡费人工与钱粮。昔汉文帝起露台,因惜十家之产而停建。我的功德远远不如文帝,而建新宫的费用又超过露台,这不是为天下之君所应做的事。大臣们一再奏请,太宗坚持不准,此事才作罢。因此,贞观初年基本上没有兴建什么大的工程。不仅如此,在洛阳遭受水灾后,百姓房屋被冲毁,太宗还下令拆掉洛阳一些宫殿,将木材分给受灾百姓,以供修房之用。而洛阳宫殿被大水冲坏后,只是稍加修缮而已。

工部尚书殷纶曾带一巧匠扬思齐入宫,欲制造木偶戏取悦太宗,太宗不但不赏光,反而训斥了他一顿并免去他的官爵。唐太宗专门下令,禁止地方官进贡珍奇宝物,以防扰害百姓,助长君王的奢侈之心。

隋朝盛行厚葬之风。太宗即位后严令禁止厚葬。他本着节俭的精神,对自己的陵寝也预作安排,亲自制定规格,"因山为陵"、"容棺而已"。这样安排是为了防止自己死后,子孙"从俗奢靡"。唐太宗去世后,殉葬品也比较简单,体现了他的崇俭精神。玄宗时,高力士曾进入太宗陵墓寝宫,"见梳箱一,柞木梳一,黑角木篦一,草根刷子一",不禁赞曰:"先帝随身服用,唯留此物。欲将传示子孙,永存节俭。"玄宗听到高力士的汇报后,亲自前去查看,见物"肃静如不可胜",即命史官记载下来。

正是由于唐太宗带头节俭,反对奢侈,影响了许多大臣。在贞观君臣中,崇尚节俭蔚然成风,百姓得以安居乐业。(《旧唐书·太宗本纪》)

魏征清正俭朴

魏征(580—643年),字玄成,唐魏州曲城(今河北巨鹿)人,我国历史上著名的政治家和史学家,官至谏议大夫、左光禄大夫,封郑国公。他不但以勇于进谏、监察朝政而名垂青史,而且一生崇尚节俭,持身清廉。

魏征前后向太宗进谏二百多次,所提意见贯穿了一个主导精神,即"居安思危,戒奢以俭"。贞观中后期,国家形势越来越好,李世民对开创初期的困境渐渐淡忘,励精图治的锐气渐渐消磨,滋长了奢侈之心。贞观十一年(637年),李世民在洛阳建飞山宫,魏征即时上了一个奏章,向李世民指出:"隋炀帝恃其富强,不虞后患,穷奢极欲,使

百姓穷困,以至身死人手,社稷为墟。陛下拨乱反正,宜思之所以失,我之所以得,撤其峻宇,安于卑宫。若因基而增广,袭船而加饰,此则以乱易乱,殃咎必至,难得易失。"劝诫李世民罢建"峻宇"。

李世民巡幸洛阳,路上住在显仁宫,常对生活供应不满意,发脾气责罚下人。魏征认为这个苗头不好,提醒李世民说:陛下认为供应不好而发脾气,将来上行下效,开了这个风气,就会弄得民不聊生。隋炀帝巡游,每到一地,就因下面不献食物,或供奉不精而责罚,无限制地追求享受,百姓负担过重,结果灭亡。陛下怎么能效法隋炀帝呢?今天这样的供应,如果知足,就算可以了;如果不知足,即使比今天再奢侈一万倍,也难以满足。李世民听了很受震动,说道:"非公不闻此言!"

贞观十五年,李世民于益州造绫锦金银等物,魏征就进谏说:"金银珠玉,妨农事也。锦绣纂组,害女工者也。一夫不耕,天下有受其饥;一女不织,天下有受其寒"。希望李世民尽量节省奢靡之费。

魏征不断劝谏皇上节俭省费,爱惜民力,他自己在生活中则更加严格要求。早在青年时代,就不治家产。官至卿相,仍保持朴素作风。"所居室屋卑陋",李世民几次"欲为营私",帮他建造新房,都被他坚决拒绝了。

魏征由于操劳过度,一病不起。李世民派人探视,派名医诊治,见魏征居处,连一个待客的正厅都没有,下令限期为他临时建造了一个客厅。又根据魏征一贯俭朴的习惯,赐给他素色的褥子、布被、几案、手杖等一套用品,以补家中之缺。魏征弥留之际,李世民亲自探视,问他还有什么要求,魏征只说了一句话:"嫠不恤纬,而忧宗周之亡!"意思是寡妇不愁织布的纬线少,只担心国家的兴亡。李世民为之"悲懑,拊之流涕"。魏征去世后,李世民下令以一品官葬礼治丧,魏夫人辞谢说:"征素俭约,今假一品礼,仪物褒大,非征志。"李世民遵从魏征遗志,改用薄葬。素车,白布幨帷,无涂车,刍灵,陪葬昭陵。(《旧唐书·魏征传》;唐·王方庆《魏郑公谏录》)

卢怀慎廉洁奉公

卢怀慎,唐朝滑州(今滑县西南)人。开元初拜相,谥"文成",赠"荆州大都督"。卢怀慎生活在武后至玄宗年间,执政于政治清明的开元盛世,是一位才识双全而又为官清廉的贤相。

据史书记载,卢怀慎为官数十年,清贫如洗,甚至在相位数年间,仍家徒四壁。终生"清俭不营产,服器无金玉文绮之饰"。他虽身为宰相,又深得皇帝宠信,而他的结发妻却终生务农,还经常与其子女忍受寒饥。

开元四年初冬,卢怀慎因病辞职返里。有一天,宰相宋璟和吏部尚书卢从愿特来滑州看望他,只见他家"蔽箦单藉,门不施箔;会风雨至,举席自障"。哪里像一位堂堂的宰相的故居?当天中午,卢怀慎设宴招待专程来的朝廷重臣,筵席上无鱼无肉无酒,仅"设食蒸豆两器,菜数杯而已"。

开元四年十二月,卢怀慎病逝。家里人为他治丧,居然连一点储蓄都没有,还是靠皇帝赐了布帛百段、米粟二百斛才得以敷事。

卢怀慎逝世的次年,唐玄宗因校猎经过滑州,见怀慎家院破烂不堪,无力修葺,禁不住为之心酸,随赐其家属缣帛等物,并为此而罢猎。在经过怀慎墓前时,玄宗看到碑表未立,立即下旨,诏官为卢怀慎立碑,遂令中书侍郎撰文,玄宗皇帝亲笔书写,一则慰贤相在天之灵,二则将卢怀慎之德行铭金勒石以志纪念。(《旧唐书·列传第四十八》)

杨绾刮节俭之风

杨绾是唐朝中期的一位名臣,官至宰相。但他最出名、也最为后人称道的是他的节俭。唐肃宗时,他升至中书舍人。按照惯例,因为年龄大而被尊为舍人中的"阁老",中书省的办公官署及官员俸禄等款项,他可以分得五分之四。但杨绾却不这样认为,他觉得同一个品级的官员应该享受同样的待遇,不应再以年龄排出等级,这样不利于年轻人发挥才干,也不利国。因此,他便把办公官署及其他俸禄平均分给所有的中书舍人,以示公允。这样使中书省的所有人对他极为尊重,大家齐心协力,效率明显高于其他部门,而杨绾的为人也受到朝廷上下一致赞誉。

到了唐代宗年间,杨绾又因政绩突出而升至吏部侍郎,负责考核官吏,决定官吏升迁,权力很大。但杨绾却从不居官自傲,而是公平考选所有官员,精选能人干才,受到众人称赞。

当时,元载掌握朝廷大权,满朝文武官员都去迎合巴结他,唯独杨绾不畏权贵,也不怕孤立受到排挤。他从来不去私访元载,而元载对他也存有戒心,虽然表面很敬重他,实际在心里对他极为疏远。后来元载找了个机会,将杨绾明升暗降,让他做了国子监祭酒。但社会舆论却更加倾向于杨绾。等到元载因为犯罪被诛杀后,杨绾又被拜为中书侍郎,同中书门下平章事,是宰相之一。诏令公布之日,朝野上下一片庆贺之声。

中 篇 故 事

　　杨绾素来俭朴,所用车马的装饰也极为简单。出任宰相没几天,凭借杨绾的威信和俭朴的美名,朝廷中就开始形成俭朴的风气。有个御史中丞名叫崔宽,是当时剑南西川节度使崔宁的弟弟,家中有万贯财产,平时吃穿用行极为豪华奢侈。他还在皇城南边修了一栋别墅,别墅里亭台楼阁,建筑很是精美华丽,在当时堪称天下第一。在杨绾上任这天,崔宽就默不作声地让人把别墅拆掉了。中书令郭子仪一听说杨绾拜了宰相,就下令军营中的音乐减掉五分之四。有个京兆尹黎幹,在当时很受皇上宠信,每次出门都要带一支很壮观的随行队伍,单马夫驭手就达一百人。杨绾拜相的诏书下达后,黎幹也马上减少了随从人员,总共只剩下十多人,可见杨绾的影响何等巨大。其他官员因为杨绾拜相而自觉节俭的也不计其数。(宋·孔平仲《续世说》)

贾岛推敲炼字

　　贾岛,字浪仙,范阳(今北京附近)人,唐代诗人。他的诗风格清丽,非常注重锻字炼句。有一次,贾岛因赴考到京(长安)。一天,他骑着驴,一边走,一边吟诗,忽然得了两句道:"鸟宿池边树,僧推月下门。"

　　贾岛自己觉得这两句还不错。可是,又觉得下句"推"字不够好:既是月下的夜里,门早该关上,恐怕推不开了,不如改为"僧敲月下门"。心里这么琢磨着,嘴里也就反复地念着:"僧推……""僧敲……"他的右手也不知不觉地随着表演起来:一会儿伸手一推,一会儿举手作敲的姿势。这时,著名的大作家、京兆尹兼御史大夫韩愈恰巧从这儿经过,随从仪仗,前呼后拥地过来了。按当时规矩,大官经过,行人必须远远回避让路,否则就要犯罪。贾岛这时正迷在他的那句诗里,竟没有发觉,等到近身,回避也来不及了,当即被差役们扭住,带到韩愈马前。韩愈问明原委,不但没有责备贾岛,还很称赞他认真的创作态度。对于"推"、"敲"两字,韩愈沉吟了一下,说:"还是'敲'字好。"

两人于是并骑而行,谈了一些关于诗文写作的问题。从此成了朋友。(唐·韦绚《刘公嘉话录》)

李贺呕心沥血

唐代著名诗人李贺从小就很聪明,七岁即能诗善文,到十多岁时,在文坛上已经很有名气。为了试一试李贺的才学,当时的大文学家韩愈当场出题,要李贺作一首诗。李贺挥笔立成,而且写出的诗很有文采。韩愈因此对他非常敬佩,认为李贺是一个有真才实学的人。

据传,李贺非常注重从生活中获取写作的素材。他每次出去总是骑一匹瘦马,带一个背锦囊的书童,一边走路,一边思考,想到好的诗句,就马上写出来,放入锦囊中。有的时候收获不少,回到家时,锦囊都被填满了;但有时一句好的诗句也想不出来,回到家时,锦囊瘪瘪的。回去后,母亲会检查他的锦囊,如果看到儿子写了好多诗句,就会非常心疼地对他说:你这孩子,难道要把心都呕出来,才肯罢休吗?李贺如此刻苦,使得他身体很差,二十七岁时便去世了。

李贺留于后世的二百多首诗作,都是呕心沥血的艺术结晶。唐代文学家韩愈,曾写过这样两句诗来称赞李贺:"刳肝以为纸,沥血以书辞。"李贺用自己的独特创造实现着生命的价值,他终于在诗歌的王国中获得了永生。(《新唐书·李贺传》)

郑余庆蒸葫芦

郑余庆为官清廉俭朴,品德高尚。有一次,他请一些与他关系比较好的官员吃饭,大家都感到很奇怪。他的威望很高,大家都很尊敬他,所以凌晨就赶来了。等到太阳很高了,郑余庆才出来,说了很长时间闲话,大家都急躁起来。郑余庆对仆人说:去告诉厨师,要蒸烂去毛,别折断了脖子。大家相互交换眼色,以为一定是清蒸鹅、鸭一类的菜。过了一会儿,仆人摆好桌子,放好餐具,酱和醋也都新鲜香浓。等到吃饭,每人面前只有一碗米饭和一枚蒸葫芦。宰相吃得很香,大家勉强吃了下去。(《太平广记·廉俭》)

五、宋元故事

赵匡胤克己求治

大凡艰苦创业的开国君主,都深刻了解节俭对于治国的意义。作为宋王朝的开国之君,赵匡胤在生活上就特别注意节制。

《宋朝事实类苑》记载了赵匡胤陈桥兵变、黄袍加身之后提倡俭朴的几件事。乾德二年,北宋扫平四川后蜀,亡国之君孟昶进京献上一个尿壶,装饰着七彩珠宝。赵匡胤十分震怒,一巴掌把它劈到地上,让左右们把它砸碎,并声色俱厉地对孟昶说:一个便器尚且如此奢华,那你用什么器具来贮藏食物?这般骄奢淫逸,怎能不亡国?

钱塘江畔的吴越王钱俶,慑于北宋王朝的威势,亲自来东京朝拜赵匡胤,献上一条罕见的超级犀角腰带。赵匡胤婉言拒绝了,含笑

说,朕已有三条宝带了,这条你还是留着自己用吧。钱大惊,提出要见识见识这几条宝带,赵匡胤说,这三条宝带,一条是汴河,一条是惠民河,一条是五丈河。

宋太祖在东京皇宫里住了十七八年,生活一直相当简朴,所有殿阁张挂的帷幕都没有加饰文采。他的寝殿里,挂着青布缘边的苇草帘子,活像一个乡下的小财主。他乘坐的车子与服饰都崇尚素净。一天,他拿出麻织的鞋子与麻布做的下裳赐给左右亲信,说:这都是朕穿过的。

由于赵匡胤的表率作用,北宋的前几个皇帝都很好地延续了俭朴的生活作风,尤其是和他走南闯北打天下的弟弟赵光义,继位后仍以畋游声色为戒。(宋·江少虞辑《宋朝事实类苑》)

开卷有益

宋朝初年,宋太宗赵光义命令文学家李昉等人编辑了一部规模宏大的分类百科全书——《太平御览》。这部书原名《太平总类》,因太宗按日阅览,遂题为《太平御览》,简称《御览》。此书始编于太平兴国二年(977年),成于八年(983年),共一千卷,分五十五门。该书引书浩博,多至一千六百九十种,其中汉人传记一百余种,旧地志二百余种,都是现在不传之书。

当宋太宗下定决心花精力翻阅这部巨著时,曾有人觉得皇帝每天要处理那么多国家大事,还要去读这么一部大书,太辛苦了,就劝他少看些,也不一定每天都看,以免过度劳神。可是,宋太宗却回答说:我很喜欢读书,从书中常常能得到乐趣,多看些书,总会有益处,况且我并不觉得劳神。

于是,他仍然坚持每天阅读三卷,有时因国事忙耽搁了,他也要抽空补上,并常对左右人说:只要打开书本,总会有好处的。

由于每天阅读三卷《太平御览》,宋太宗学问十分渊博,处理国家大事也得心应手。当时的大臣们见皇帝如此勤奋读书,也纷纷努力读书,所以当时读书的风气很盛,连平常不读书的宰相赵普,也孜孜不倦地阅读《论语》,有"半部《论语》治天下"之称。(北宋·王辟之《渑水燕谈录》)

范仲淹啖粥苦读

范仲淹,字希文,苏州人。他出生于一个破落名门之后。两岁时,父亲不幸逝世,其母谢氏贫困无依,只好带着尚在襁褓中的范仲淹改嫁一户朱姓人家。

范仲淹自小读书就十分刻苦。虽然朱家是长山的富户,但他为了励志,二十一岁时去附近长山上的醴泉寺读书,经常一个人伴灯苦读,直到东方欲晓,僧人们都起床了,他才和衣而卧。他日常生活极其艰苦,每天只煮一锅稠粥,凉了以后划成四块,早晚各取两块,拌上一点儿韭菜末,再加点盐,就算是一顿饭。但他对这种清苦生活毫不介意,将全部精力用于在书中寻找着自己的乐趣。范仲淹看不惯朱家兄弟奢侈浪费,无所事事,便多次规劝,不料,朱家兄弟听得不耐烦,有次便脱口说道:我们花的是朱家的钱,关你什么事?范仲淹听了一怔,觉得话中有话,便追问为什么,有人告诉他:你乃姑苏范氏之子,是你母亲带你嫁到朱家。这件事使范仲淹深受刺激和震动,下决心脱离朱家独立生活,于是他匆匆收拾了几样简单的衣物,佩上琴剑,不顾朱家和母亲的阻拦,流着眼泪,毅然辞别母亲,离开长山,独自前往南京求学去了。

范仲淹十分珍惜崭新的学习环境,昼夜不息地攻读。一次,真宗皇帝路过南京,大家都争相前去观望,范仲淹却闭门不出,诵读如旧。一位同学怪他怎肯错过观望皇上的良机,他却回答:日后再见,也未必晚。范仲淹的一个同学、南京留守(南京的最高长官)的儿子看他终年吃粥,便送些美食给他。他竟一口不尝,听任佳肴发霉。直到人家怪罪起来,他才长揖致谢说:我已习惯过喝粥的生活,一旦享受美餐,日后怕吃不得苦。

经过连岁苦读,范仲淹对儒家经典——诸如《诗经》、《尚书》、《易经》、《三礼》、《乐经》、《春秋》等书主旨,已堪称大通;吟诗作文,慨然以天下为己任。(南宋·朱熹《名臣言行录》)

王安石不事奢华

王安石早年生活贫困,由于父亲去世太早,二兄无能为力,养家的重担主要落在他的肩上,因而他前半生一直将事亲养家作为主要目标。他长期主动要求在外任职,就是因为下层京官俸禄太薄,京城物价高昂,无法奉养一家数十口。

王安石天资孝友,对老母极为孝敬,对兄弟姐妹友爱甚笃,连那些反对派也不得不承认这一点。据说他一领到俸禄,便全部拿回家任由兄弟自取,即使他们取之一空,也不管不问。加上王安石又十分廉洁,不妄取一文,因而只能过俭朴的生活。

然而王安石的俭朴并不是做给别人看的,也不是单单由于外在条件,而是完全发自内心。他通过长期的修养,内心达到了近乎无欲的境界。如果不是出自本心,就不可能终身如此,事事如此。在他中年之后,由于兄弟相继或中进士、或为朝廷征召,都有了谋生能力,几个妹妹也都出嫁了,他的负担不像过去那么重了,而且他的职位和收入也逐步提高,不能说没有条件过得好一点,但他仍然不改过去节俭的习惯,还是布衣蔬食,不事奢华。特别是为相之后,按说已经位极人臣,尊荣无比,不能说条件不够,但他的生活简朴如旧。

在他出任执政之后,有人说他爱食獐脯,他的夫人听说之后,对此表示怀疑,因为她知道王安石平生从未挑剔过饮食,吃什么都一样,怎么会偏偏喜欢獐脯呢?于是便问左右侍者怎么知道他爱食獐脯,侍者回答说:每次吃饭时其他的菜都不动,只有獐脯一无所剩。夫人又问獐脯放在何处,告曰在最近的地方,夫人便让他们明天将菜换一换地方,改将他菜置于近处,结果近处的菜被吃光了,獐脯却一点没动,原来王安石并无嗜好,只是挑最近的菜吃而已。

王安石为相近十年,却是身无余财,退休之后,他在江宁府城东门外和蒋山正中间一个名叫白塘的地方修建了几间房屋,十分简陋,仅蔽风雨而已,甚至连围墙都没有,根本不像是做了多年宰相的人的住宅,其住处周围也没几户人家,其实就是荒郊野外。但王安石是一个十分有情趣的人,他种植了不少花木,还凿渠放水,将洼地略加整治,改为池塘,所费不多,却使一个荒野茅屋成为充满野趣的美丽田园。他将新居名为"半山园",因为此处恰好在城东门至蒋山的半途。退休生活也更加简单。他经常骑驴出游,或坐松石之下,或憩田野农家,以囊盛饼十数枚,饥则食之,遇到田野农民以饭奉献,亦受之不辞。刚开始他还骑神宗皇帝所赐的御马,后来马死了,他便骑驴出行。(《宋史·王安石传》)

张知白清俭如寒士

张知白,字用晦,北宋沧州人,端拱二年登进士第,历任龙图阁待制、御史中丞、参知政事等。天圣三年(1025年)担任宰相,天圣六年在相位上去世。赠太傅中书令,谥文节。

张知白生平清俭,担任宰相时,他生活依然像平民百姓那样简朴,自己觉得很满足。有人劝他从众,说:您俸禄很高,但自身生活却这么清苦,这又何必呢?张知白回答说:听人说:浓处味短,淡中趣长。凭我的俸禄,即使想达到全家锦衣玉食的标准,又岂会达不到呢。但是看一看人之常情,从俭朴到奢华的生活容易,要想从奢华的生活回到俭朴的生活就难了。我今天的俸禄怎么会长期拥有呢?我又怎么能够长期活在这个世上呢?如果家人都习惯了奢侈的生活,一旦失去了我的俸禄,他们就不能马上适应俭朴的生活。假如我在位与不在位、我在与不在这个世上家人的生活都一样,即使我去世了,家人也能像现在这样生活呀!听的人都很佩服他的远见卓识。(宋·陈录《善诱文·司马温公训俭》)

中篇故事

司马光俭朴传家

司马光(1019—1086年),字君实,号迂叟,北宋著名政治家、史学家、散文家。他一生清廉简朴,不喜华靡,留下了"入地乘凉"、"典地葬妻"等感人事迹。据《宋史》记载,洛阳为北宋西京,深门大院,亭台楼阁,随处可见。当时的大官王  宣徽在洛阳园宅甲天下,中堂起屋三层,飞檐走兽,气势恢宏,华丽无比。而司马光宅第简陋,仅可蔽风雨,由于夏日酷热难当,司马光在家中挖地丈余,以砖砌成地室以避暑,被京城戏称为"王家钻天,司马入地"。司马光为官四十余年,位至尚书左仆射兼门下侍郎(宰相),妻子去世,家里竟然没有钱办丧事,儿子司马康和亲戚主张借些钱,把丧事办得排场一点,司马光不同意,并且教训儿子处世立身应以节俭为可贵,不能动不动就借贷。最后,他还是把自己的一块地典当出去,才草草办了丧事。这就是民间流传的"典地葬妻"的故事。

司马光不仅自身生活节俭,更把俭朴作为教子成才的主要内容。据史书记载,司马光十分注意教育孩子力戒奢侈,谨身节用。为了完成《资治通鉴》这部巨著,他不但找来范祖禹、刘恕、刘攽当助手,还要儿子司马康参加这项工作。当他看到儿子读书用指甲抓书页时,非常生气,认真传授了爱护书籍的经验与方法:读书前,先要把书桌擦干净,垫上桌布;读书时,要坐得端端正正;翻书页时,要先用右手拇指的侧面把书页的边缘托起,再用食指轻轻盖住以揭开一页。他还教诫儿子说:做生意的人要多积蓄一些本钱,读书人就应该好好爱护书籍。

他常常教育儿子,食丰而生奢,阔盛而生侈。为了让儿子认识到崇尚俭朴的重要,他以家书的体裁写了《训俭示康》。他在文中说道,古人以俭约为美德,今人因为俭约而遭到讥笑,实在是要不得的;近年来,风俗颓弊,讲排场,摆阔气,当差的走卒穿的衣服和士人差不多,下地的农夫脚上也穿着丝鞋;为了酬宾会友"常数日营聚",大操大办。他对这种奢靡的风俗感到痛心,为此而慨叹道:"居位者虽不能禁,忍助之乎!"随后,司马光赞扬了宋真宗、仁宗时的李沆、鲁宗道和张知白等官员的俭约作风,并援引张知白的话说:"由俭入奢易,由奢入俭难。"他对道德和俭约的关系也作了辩证而详尽的解释。他说:"言有德者皆由俭来也。夫俭则寡欲。君子寡欲则不役于物,可以直道而行;小人寡欲则能谨身节用,远罪丰家。"反之:"侈则多欲。君子多欲则贪慕富贵,枉道速祸;小人多欲则多求妄用,败家丧身。"

《训俭示康》这篇文章,写得有理有据,真切动人。司马康读时,忍不住流下了眼泪。此后,他一生始终把父亲的这篇家训当作做人的镜子,用来鞭策自己。由于司马光教子有方,司马康从小就懂得了俭朴的重要性,并以俭朴自律。他历任校书郎、著作郎兼任侍讲,以博古通今、为人廉洁和生活俭朴而称誉于世。(《宋史·司马光传》;宋·司马光《训俭示康》)

苏东坡节俭成习

苏东坡是宋代著名的文学家。他二十一岁中进士,做了四十年官,有得意之时,也有被贬的不幸遭遇。不管是身处顺境还是逆境,他都节俭自律,极力反对奢侈。他认为奢侈腐化、大吃大喝不仅有害风气,也有害身体。在给一位友人的信中,他写道:"口体之欲,何穷之有?每加节约,亦是惜福延寿之道。"意思是说,人的欲望是无穷尽的,注意节约,对身体和事业都有好处。

由于养成了节俭的好习惯,所以在被贬到偏远地区时,他也没有被贫困窘迫所吓倒。为了度过困难,他精打细算,实行计划开支:先把所有的钱计算出来,平均分为十二份,每月用一份,每份又分成三十小份,每日用一小份。他把分好的钱装在口袋里挂在房梁上,以后每日清晨取下一包。取下这包钱,再计划一下,先买急需的,能省就省。一日下来,决不超支。每日剩下的钱,他又装入另备的一只竹筒里,以备紧急事件时再用。就这样,苏东坡通过这种"房梁挂钱"的办法度过了被贬的艰苦岁月。

当他仕途顺利身居高官时,也不忘节约俭朴。他给自己规定,每顿饭只能是一饭一菜。若来了客人,也只许加两个菜。如果亲朋请他去做客,他也事先告知对方,不要铺张,不然他就拒绝入席。一次,他的一位好友从远地来,多年不见,分外亲热。好友请他去叙旧,苏东坡推辞不过,再三叮嘱他按老规矩,不可铺张。友人连连答应。第二天,苏东坡按约赴宴。当他来到友人家中一看,大吃一惊。原来,友人觉得多年不见,今日宴请苏东坡,理应丰盛一些。而在苏东坡看来,却是过于奢华排场了。苏东坡皱皱眉头,说:有约在先,怎么还这样铺张。友人一再解释说:按我原意,比这还要丰盛,已经按兄长之意减去了一半。苏东坡摇摇头,说:你还是不了解我呀,我不是仅嘴上说说而已,而是从心眼儿里反对浪费的。请你撤去多余菜饭,够我二人食用即可,不然,我就要告辞了。友人点点头,心里顿时生起敬佩之意,说:好,按你的意思办。仆人撤去一大半,仅剩下四个盘子一壶酒。苏东坡笑着说:这不是很好吗! 他和友人举起酒杯,热情地叙谈起来。(《宋史·苏轼传》)

张俭旧袍三十年

张俭,北宋时期辽国人,为人正直诚实,不重外表。辽圣宗统和十四年(996年),丙申科状元。张俭中状元后,调云州幕官。圣宗狩猎云中,节度使进言:"臣境无他产,惟幕僚张俭,一代之宝,愿以为献。"圣宗召见张俭,见其容止朴野,即询以治世之道,张俭所对三十余事,甚得圣宗赏识,遂被待为上宾。先后任同知枢密院事、南院枢密使、左丞相兼政事令,封朝王,直到太师、中书令。

张俭在相位二十余年,生活一贯俭朴,只穿粗布衣服,食不重味,每月俸禄有余,就赠给亲朋故旧。兴宗去他家时,本来御膳房已派去厨师,各种美味菜肴都已准备好了,张俭让撤掉,"进葵羹干饭",两人吃得很香甜。他的用意是以此勉励皇帝节俭。一次,正值严冬,张俭在便殿议事,兴宗见他长袍破旧,密令侍从用火夹烧穿他的袍子,想让他换件新长袍。尽管袍子上烧了许多洞,可张俭依旧穿着它。兴宗不解地问他为什么老穿那件破旧的袍子,他回答说:臣服此袍已三十年。因为人们崇尚奢靡,为了矫正时弊,所以要以自己的实际行动来革除不良的习俗。兴宗钦佩他的清贫,命令他到内库任意选取他所需要的东西,可张俭仅"持布三端而出"。因此,兴宗更加敬重他。张俭有弟五人,兴宗"欲俱进士第",可张俭坚决不答应。重熙二十二

年(1053年),张俭病逝,享年九十一岁。(《辽史·张俭传》)

陆游筑书巢

陆游,字务观,号放翁,南宋越州山阴(今浙江绍兴)人。他是我国历史上一位杰出的爱国诗人。

陆游从小就刻苦勤奋、敏而好学。他的房子里到处是书,有的堆在木箱上,有的陈列在前面,有的放在床上,抬头低头,四周环顾,没有不是书的。他的饮食起居,生病呻吟,悲伤感叹,忧愁愤怒,都与书在一起。外界刮风下雨、打雷、落冰雹等天气变化,他也不知道。偶尔想要站起来,但杂乱的书围绕着,好像积着的枯树枝,有时到了不能行走的地步,于是他就自己笑自己说:这不是我所筑的巢吗?他经常读得废寝忘食,即使到了多病的晚年,仍然"读书有味身忘老",还像年轻时那样发愤读书。他把自己的住房取名为"书巢",还写了一副对联:万卷古今消永日,一窗昏晓送流年。(宋·陆游《渭南文集》)

张九成勤学踏脚印

张九成,字子韶,号横浦居士,又号无垢居士,官至礼部、刑部侍郎。因为不愿与朝中奸臣秦桧同流合污,被贬到江西南安一个叫横浦的地方。他住在城西的界寺,每天天将亮时,他总是拿着书本站在窗下,就着微弱的晨光读书。这样一直坚持了十四年之久。等到他回北方时,窗下的石头上,双脚踏出的痕迹已经隐约可见。(宋·罗大经《鹤林玉露》;《宋史·张九成传》)

陶宗仪积叶成书

陶宗仪,字九成,号南村,浙江台州黄岩人。相传是东晋陶渊明的后代。他二十岁离家赴考,因直言朝政而落第,定居在松江,以开馆授课、垦田躬耕为业,四次拒绝元明两朝皇家召旨,终身不入仕途,人称"南村先生",誉为"立身之洁,终始弗渝,真天下节义之士也"。

陶宗仪勤于读书,勤于写作,随身总是带着笔墨,就是下田劳作也不例外。在树下休息的时候,与学生们谈古说今,一有所得就把它记录在树叶上,放在瓮内储存起来,十年里积累了几十瓮。到了至正二十六年(1366年),陶宗仪在学生的帮助下,抄录编纂,整理成书,共三十卷,名《南村辍耕录》。《辍耕录》所记的大多是历史琐闻,以元代为主,宋代次之,还有少许是以前朝代的史料。里面有陶宗仪的大量所见所闻,或摘抄前人史料,或作考证辨伪,诸如元朝典制、戏曲诗词、史事杂录、文化科技、风俗民情、农民起义记事等,为后人保存了丰富的史料。《辍耕录》对黄岩的史料也有记录。

陶宗仪作为中国历史上著名的史学家、文学家,一生不慕名利,清贫执教,唯以著书为乐事,著作除《辍耕录》外,著有搜集金石碑刻、研究书法理论与历史的《书史会要》九卷,汇集汉魏至宋元时期名家作品六百一十七篇;编纂《说郛》一百卷,为私家编集大型丛书较重要的一种;还著有《南村诗集》四集、《四书备遗》两卷,以及《古唐类苑》、《草莽私乘》、《游志续编》、《古刻丛钞》、《元氏掖庭记》、《金丹密语》、《沧浪棹歌》、《国风尊经》、《淳化帖考》等。(明·孙作《南村辍耕录叙》)

六、明清故事

朱元璋尚俭戒奢

明太祖朱元璋是一个倡导节俭的皇帝。"自古王者之兴未有不由于勤俭,其败亡未有不由于奢侈。"这是他总结历代兴亡告诫后人的一句名言。他在位三十年间,大力提倡节俭,反对奢侈浪费。

至正二十三年(1363年),朱元璋击败长江上游的割据势力陈友谅,次年自立为吴王。在南京营造宫室时,负责工程的官员把宫殿的设计图样拿给他看,他把过于奢华的部分都去掉了。不仅如此,工程完工后,他还让博士熊鼎类等将骄奢淫逸而亡国的历史掌故写在墙壁上,让大家引以为戒。

1368年,朱元璋在南京正式称帝。他把提倡节俭,反对奢侈提到国家兴亡的高度来认识。他命令有关部门一概用铜代替车轿须用金子装饰的部分。有人认为这项费用小,算不得什么,他却正色道:天子富足四海,不是吝惜这一点,节俭是我提倡的,我自己不以身作则,有什么理由让大家这样做呢?况且奢侈腐化以至误国,追其根源都是由小到大的。洪武六年(1373年),山西潞州进贡人参。朱元璋说:国家的任务在养民,哪有以个人的口腹之欲而累民的道理。洪武七年(1374年),西番酋长以所造葡萄酒上贡。朱元璋命令退回去,并赏赐给绸缎衣物,让他们不要再贡。他对中书省官员说:饮食衣服贵乎有常,常情之外的贪求会带来无穷祸害。如西域葡萄酒,在元代供求的使者络绎于道路,使沿途百姓饱受痛苦,朕岂能再以此殃民。

回回商人进贡一种番香叫阿剌吉,华语称蔷薇露,说是能够治疗心病,还可以调粉作妇女的化妆品。朱元璋也予以拒绝,说:中国药物可以治心病的很多。这种东西不过是修饰容颜,只能引诱人的奢靡之心。

朱元璋对他的嫔妃太监要求也很严格。包表笺的包裹绣有金龙,朱元璋命宫人清洗出来,将金粉积少成多,铸成金块。还命宫人将做衣服剩下的绸缎片缝成百衲被面。有一天,他回到后宫,见到地上散乱着一些零碎丝绸,便把嫔妃们全部召来,给她们算一笔百姓养蚕丝织应役纳赋账目,而后下令,再有这样泼洒浪费的,严加惩处。洪武三年十月的一天,大雨如注,遍地积水,朱元璋见两个小内监穿着新靴子在雨水中行走,便把他们召到面前,训斥道:一双靴子虽然不值多少,却是出自百姓之力,要费好多工夫才能做成。尔等为何不爱惜,甘心如此糟践! 遂命拖出去打板子。并对左右大臣说:大抵人经历过艰苦,则自然节俭,如果整天生活在富贵中,则往往侈靡。同时下令:自今为始,百官上朝遇着雨雪,允许穿雨衣雨靴。

由于明太祖提倡节俭,反对奢侈浪费,再加上政治、军事等方面一系列有力措施的实施,他统治的明王朝日益巩固,社会经济得到迅速恢复和发展。(《明太祖宝训》;《明史·太祖本纪》)

高明倾心作《琵琶记》

高明,字则诚,自号菜根道人,温州瑞安(今属浙江)人,元末明初戏曲作家。他出生于一个书香门第,祖父高天锡、伯父高彦都是诗人。受家庭环境的熏陶,高明在青年时期就以学识渊博著称,诗文之外,尤擅长词曲。曾受业于理学家黄溍。元至正五年(1345年)中进士,先后任处州录事、杭州行省丞相掾、江南行台掾、福建行省都事等职。元至正八年(1348年)当方国珍在浙东起义反元时,高明被任命为浙东阃幕都事,但到任不久,因与元人主帅论事不合,便致仕归隐。至正十六年(1356年),朝廷命高明为福建省都事,路过宁波时,受招抚后时为元朝万户的方国珍欲置留幕下,高明力辞不从,隐居宁波城东栎社,闭门谢客,埋首撰写《琵琶记》。

高明创作《琵琶记》,可谓呕心沥血。"风声月色来亭榭,老泪年来湿几更。"他反复吟唱,稿本一再修改。《琵琶记》第一出起首云:"论传奇,乐人易,动人难",为了达到动人的境地,他"阖关谢客,极力苦心,歌咏则口吐涎沫"。他在小楼中一面写曲,一面用脚打拍子,楼板都被踏穿了。虎林昭庆寺僧舍中有他作剧时坐的桌子,因不断用手在桌上打拍子,反复推敲,以至桌上拍痕有一寸多深。

《琵琶记》问世后,蜚声剧坛,史称为第七才子书,被推崇为"南戏之祖"。相传明太祖朱元璋非常欣赏这部作品,据徐渭《南词叙录》记载:"我高皇帝即位,闻其名,使使征之,则诚佯狂不出,高皇不复强。亡何,卒。时有以《琵琶记》进呈者,高皇笑曰:'五经四书,布帛粟菽也,家家皆有;高明《琵琶记》,如山珍海错,富贵家不可无。'"明清时期的许多著名学者,如魏良辅、徐渭、李贽、胡应麟、姜准、陈眉公、李渔、黄图珌等,对《琵琶记》也都作了很高的评价。(明·徐渭《南词叙录》;《明史·文苑传》)

刘崧勤廉好学

刘崧(1321—1381年),字子高,泰和(今江西泰和)人。元末中举,明初以出色的才学被推荐到朝廷做官。最初任兵部郎中,一上任就奉命到江苏镇江征粮,那时候镇江的田亩租赋分摊不均,当地一些达官贵人分厘不交,而平民百姓的租赋则相当沉重,苦不堪言。刘崧如实将情况向朝廷反映,结果百姓的租赋得到核减。在北京任按察司副使时,他从减轻刑罚、调查研究入手,把无业游民召集起来,组织生产,社会才得以安定。为弘扬爱国精神,推崇英雄气节,刘崧还在北京的学宫旁建文天祥祠,并在学宫门前勒石刻字,告示地方官员切不可以沉重的徭役来拖累那些莘莘学子,让他们为国安心读书。升为吏部尚书后,他力谏皇帝要修德行仁,对人民实行宽松政策,不要搞暴政。后来他又出任国子司业,担负起国家最高学府的教育任务。他一生以公事为重,去世前还念念不忘自己的事业,感叹道:皇上派我执教于国子监,是要把诸生培养成国家的栋梁,想不到我还未尽到责任,就这样突然离去呀!而对自己的私事只字不提。皇帝朱元璋闻之十分感动,亲自写祭文悼念他。

  刘崧虽然身居高位,但生活起居十分简朴,一床被子盖了十多年,被老鼠咬烂后仍舍不得丢弃,还缝缝补补,改做儿子的衣服。他也十分注意家庭影响,从来不因为家庭私事连累自己的工作。赴北京任职时,只带一童子随行,抵京后又叫童子返回。他家兄弟三人长期居住在一栋茅草屋里,没有因刘崧的升迁而得到改善。

  刘崧一生好学。幼年在家时,每逢天寒地冻,家里烤不起木炭火,他的手冻得皲裂,仍读书抄录不止,七岁便能赋诗,显示出良好的文学素养。后来即便担任要职仍手不离卷,笔耕不已,每每办完公事便挑灯夜读,撰文赋诗,成为当时知名的文学家。他的诗作有一定的代表性,被豫章人宗为"西江派"。著有《槎翁诗文集》。(清·张廷玉等《明史》卷一三七;清·纪昀等《四库全书总目提要》卷一百六十九)

中篇故事

王翱清廉刚介

王翱历事明成祖、仁宗、宣宗、英宗、代宗五朝,始终清廉刚介,"声实茂著",是明朝一代名臣。

王翱任吏部尚书时,已年近七十。吏部负责官吏的选授、考察,责任重大。那时请托行贿之风很盛,吏部是钻营最多之处。但王翱秉公办事,"以用贤报国为己任"。对权势豪门一切请托,他都"毅然拒之,辞色俱厉"。为防止请托、行贿,他公余常宿于官署,很少回家。他当吏部尚书十五年,直至去世,做到了"门无私谒,权势请托不敢行"。为此得罪了不少人,但王翱不计个人恩怨,忍辱负重。吏部主事曹恂升调江西参政,因病回京。王翱报告了此事,但英宗却误认为曹恂是因下调离京不满,下令让他回籍。曹恂迁怒于王翱,当众"捆其面,大声诟骂"。英宗为此将曹恂下狱。王翱虽然受辱,却仍为曹恂说情,报告曹恂确实有病,使他免受牢狱之灾。时人称赞王翱是宽宏厚德之人。

对于钱财,王翱"淡然无欲"。在提督辽东军务任上,他与监军相处得很好。后来他改任总督两广军务时,监军以四颗西洋明珠相赠。王翱不受。监军哭着说:"明珠非受贿所得,这是先皇以昔日郑和所购西洋明珠颁赐侍臣,我得到八颗,今以一半相赠。"监军一片诚心,王翱只好收下。他将这四颗明珠缝在披袄里。多年后,监军已死,王翱访得他的两个侄子,将这价值五百两白银的明珠给了他们,让他们经营生意,以免贫困。

王翱不但为官清正,而且治家有方。皇帝很信任王翱,赏赐金玉束带、玩器、锦绣等,"岁无虚月"。但他总是"自奉俭素",平时总是穿破旧衣服。一次,英宗召他问话,见他衣服破损,便问他为何不叫家人补一补。他推说闻命后立即赶来,忘了更衣。他家的住房三十余年仍不改其旧。他有个孙子因恩荫入太学,但才学平庸,却想利用他的影响,一试科场,金榜题名。王翱想到主考官会巴结他这位吏部尚书,让孙子中榜,就坚决不同意。他的女婿贾杰在京郊做官,想调为京官。王翱夫人疼爱女儿,准备了酒席,于畅饮之际提出调女婿入京之事。不料王翱勃然大怒,寸步不让。正因为治家有方,才保证了王翱一世清廉。(《明史·王翱传》;明·崔铣《记王忠肃公翱三事》)

徐九思的三字经

徐九思,字子慎,江西人,为明朝孝宗、武宗、世宗、穆宗、神宗五世臣。一生官职不高,但刚正廉洁,爱民如子。嘉靖十五年(1536年),徐九思年届四十,初任句容县(今属江苏)知县。在任期间,他以"勤、俭、忍"为座右铭,常言"俭则不费,勤则不隳,忍则不争",为官刚正不阿,励精图治,节俭裕民,留下了许多脍炙人口的佳话。

徐九思的"勤"表现在勤于政务,勤于生产上。为了避免县吏们在公务中营私舞弊,许多公务他都亲自处理。为了平衡税赋徭役轻重,从调查实际情况,到分配任务,他都亲力亲为。审理案件时,除了自己全过程主持或监督以外,还实行"必命其人与亲识皆往"的措施,加强百姓的监督,避免冤狱。在做好督导指挥全县生产工作的同时,还亲自率领县吏到县衙所属大园圃中参加劳动,收成用于改善县吏们的生活,有时提高一点过往官员的招待水平,以此减少县衙供给,减轻百姓负担。

在"俭"的方面,他的居室中挂着一幅《青菜图》,其旁书有"为民父母不可不知其味,为吾赤子不可令有菜色"。要求自己"生平不嗜肉,惟啖菜"。朝廷规定地方粮簿上有一笔注明可供地方官开支的例金。当时地方官员以招待过路官员作为一种重要的社交手段,利用公款宴请、送礼。这笔例金,徐九思却分文不取,后来自行规定取消了这笔开销。

徐九思的"忍",是他告诫自己甘于清贫,不争名利,但是在百姓利益受到侵害时,则丝毫不忍,誓不与贪官污吏同流合污。有一次府里的属员来到句容县,照例索取贿赂,遭到徐公的严辞拒绝。属员借酒装疯,大闹公堂。徐九思命令将他们捆绑起来,打了一顿。遇到灾年,徐九思对乘灾渔利害民者也决不忍让,必将他们绳之以法。

徐九思一心忙于政务,不畏权贵,秉公办事,直言不讳。曾经因得罪府尹和中丞,被贬调离句容县。"父老乡亲数千拥而入见中丞,称公贤。"后经吏部尚书干预,才得以留任。升迁奉调入京后,仍以国家黎民为重。严嵩专权,徐公遭其党徒陷害罢官。回归故里后,他兴办义学,布施赈济,招抚流民,兴修水利,依然不改利民初衷。

万历八年(1580年),徐九思八十五岁,溘然离去。句容百姓到徐九思祠前祭奠者逾万。这时距徐九思离开句容县已有三十六年,而当地百姓对他的爱戴却不减当年。(清·李容《司牧宝鉴》)

海瑞俭以养廉

明代清官海瑞,常以"公以生其明,俭以养其廉"自勉,认为这两句话是治国安民之"要道"。他平时出门只着布衣,鞋子修补了几次仍穿在脚上,平时从不吃肉,朋友登门拜访也只是蔬菜招待,老母亲六十大寿时才买了两斤肉。

海瑞不仅自己生活俭朴,还严禁其他官员公款吃喝,反对民间奢侈浮华之风。他曾经上书进谏,请求皇上以廉俭治国。做淳安县知县时,海瑞就颁布了著名的《禁馈送告示》和《兴革条例》,严格规定官吏调转,不许迎送;下级参谒上级,不许送礼;不许各级官员向农民吃拿卡要;不许向上级派来的检查人员馈送财物等。在担任应天巡抚期间,海瑞下令,境内公文一律使用廉价纸张;公文后面不许留有空白,以免浪费。

海瑞死后,人们清点其遗物,只有"俸金八两,葛布一匹,旧衣数件"。在场同僚,无不声泪俱下,百姓闻之,无不因之恸哭。时人称赞"海公清苦之行,举朝不能堪,亦举朝不能及"。王世贞以九个字概括了海瑞的一生:"不怕死;不爱钱;不立党"。(明·郑瑄《昨非庵日纂》)

于谦两袖清风

于谦是明朝著名的民族英雄和诗人。他曾先后担任过监察御史、巡抚、兵部尚书等职。于谦为官清廉,勤政爱民。在于谦生活的那个时代,朝政腐败,贪污成风,贿赂公行。当时各地官僚进京朝见皇帝,都要从本地老百姓那里搜刮许多的土特产品,诸如绢帕、蘑菇、线香等献给皇上和朝中权贵。可是,在外省任巡抚的于谦进京时却什么也不带。周围的人问他为什么这样做。他写了首《入京》诗作为回答。诗中这样写道:

> 绢帕蘑菇与线香,
> 本资民用反为殃;
> 清风两袖朝天去,
> 免得闾阎话短长。

这首诗的意思是说,绢帕、蘑菇、线香这些东西本是供人民享用的,可是因为贪官污吏的搜刮,它们反而给人民带来了灾难。所以我什么也不带,只带两袖清风去朝见天子(古时,人们把随身的钱物放在袖中),免除百姓的不满。这首诗嘲讽了进贡的歪风,表现了于谦为官清廉、不愿同流合污的铮铮风骨。这种"两袖清风"的为官之道,迄今仍美名传扬。(明·都穆《都公谭纂》)

鲁铎半条干鱼祝寿

鲁铎(1461—1527年),字振之,景陵(今湖北天门)人。好学不倦,不喜交游。弘治十五年(1502年)中进士高第,授翰林院庶吉士。太子少师李东阳爱其才,任编修,预修《孝宗实录》。正德五年(1508年),奉命出使安南,赐一品服以行,谢绝一切馈赠,深得安南人的称赞。次年,迁任国子监司业,旋又提升为南京祭酒,不久改调北京。他不仅以诗文称世,且能为人师表,廉洁自律。

一次,明朝国子监司成赵永与学士鲁铎约好一起给宰相李东阳祝贺生日,鲁铎问赵永:你送什么礼物?赵永说:我送两方丝帕。鲁铎说:我也应该和你送的一样。于是在家开箱寻找,却没有找到。他找了半天没找到家中可做礼物的东西,忽然想起有人曾送来一条干鱼,于是叫家人赶快拿来。家人说干鱼已经吃了半条。鲁铎看家里实在没有什么好送的东西,就拿了这半条干鱼,和赵永一起去李东阳家祝寿。李东阳看见他们来了,就烧鱼打酒,和他们两个畅饮,就以这件事互相做诗唱和,尽兴而散。(《古今概谈·贫俭部》)

张溥七录七焚

张溥,字天如,号西铭,明神宗万历三十年(1602年)出生于江苏太仓的一个书香门第。由于他是婢女所生,所以不为宗党所重,常受凌辱。身世的隐痛，激发他自幼刻苦读书。

张溥天资较差，常常过目即忘，但张溥并不因此垂头丧气，而是想办法来克服这个缺点。有一次，他在读书过程中读到董遇读书的故事，其中"读书百遍，其义自见"的箴言给了他很大启发。他想：人家读一篇文章，有个七八遍就能够背诵了，而我读了一二十遍却还只能断断续续地背个大概，这差异不能不承认。可是，我再怎么笨，只要多背几遍，保证每篇文章都读一百遍，不也能行吗？从此，他就开始这么做了起来。古时候的私塾先生要求学生背诵的都是"四书""五经"之类，这些枯燥乏味的文章，要重复地读上一百遍，别说一个七八岁的孩子，就是一个大人也会觉得厌烦。可张溥硬是不厌其烦地坚持下来。口渴了，他就舀一瓢凉水喝；嗓子哑了，他就把声音放低一点……苦读了一段时间，他终于能连贯地背出文章来了，这使他异常高兴；可是白天背得挺熟的，第二天一觉醒来，又忘得差不多了，这又使他十分焦虑，他决心寻找出一种更为有效的读书方法。

一天上课时，先生叫张溥背诵文章。开始几段，他背得好好的，先生也挺满意的，可没背一会儿，他就背不下去了。这下他可急了：昨天还当着父亲的面背得很流利的，今天怎么就背不出来了呢？而他越急，就越想不出，最后只好低着头等着挨先生的责打了。先生见张溥愣在那里，非常生气，便拿戒尺使劲地在张溥的手掌上抽打了几下，直打得张溥白嫩的小手掌红肿了起来。打完了，先生余怒未消，说：你怎么这样不用功？罚你回去把这篇文章抄十遍，明天交给我！张溥挨了打，一点儿也不怨恨先生，只怪自己不争气。回到家草草吃过晚饭，他就在灯下铺好纸，研好墨，挥笔抄起书来。文章较长，他抄得又认真，等他抄完，已经是半夜了。第二天，他把抄的书交给了先生后，没想到先生又让他接着背昨天的文章。这下可把张溥急坏了，因为他只顾抄书,没有特意去背。可看着先生那严厉的样子,他只得硬着头皮背了起来。谁知奇迹发生了:上句刚一出口,下句居然就跟着跳了出来,一会工夫就把全篇文章顺利地背了出来,而且还没有一次停顿,没有背错一个字。先生听了,不由得连连称赞道:好,好,就应该这样背!

放学回家的路上,张溥还在琢磨背书的事:奇怪,昨天我并没有背书呀,可今天为什么就能脱口而出呢?难道是因为我抄了十遍的缘故吗?正好先生又留了新的背书作业,他决定按昨天的办法再试一试。回到家,他先把文章朗读一遍,然后开始抄写,边抄还边默诵着,抄完一遍,又大声朗读一遍,接着再抄写一遍。这样循环往复,当抄到第七遍的时候,他觉得不仅已经领会了文章的意思,而且还能够熟练地背诵了。他放下笔,高兴地喊了起来:好,我终于找到背书的诀窍了!

从此以后,张溥读书必手抄,读后又随即焚去,再抄,再读,再焚,如此六七次方休。后来,他把这种读书方法称为"七录",他把读书的屋子也取名为"七录书斋"。这样长年累月地抄写,他右手握笔的手指上都磨出了老茧。冬天冷风吹刮,皮肤冻裂了,张溥用热水温一温手,又开始抄读,从不间断。就这样,原来天资较差、记性不好的张溥,靠着这种扎实的读书方法,终于获得了渊博的学识,成了著名的文学家。(《明史·张溥传》)

吴与弼耕田传道

吴与弼(1391—1469年),字子博,号康斋,江西崇仁人。他资禀聪慧,自幼好学,八九岁时,已露才华,读书乡校,成绩优异。既长进京,跟随在朝廷做国子司业的父亲吴溥,习学子必读文章。十九岁那年,他看了《伊洛渊源录》(南宋朱熹关于理学源流的记述),慨然向慕,也想做个理学家。于是放弃举子学业,谢绝交往,日夜研读四书、五经和洛学(以北宋哲学家、教育家程颢兄弟为首的学派)、闽学(以南宋哲学家、教育家朱熹为首的学派)两个学派的语录,整整两年,足不出户。

中年以后,他家境穷困,衣食不给,于是就一面种田,一面广收弟子,以尧舜为榜样,边耕田边传道。即使下雨天,他也是戴着斗笠,披着蓑衣,和学生一起下田耕作,一边向学生讲解周易等经典。他吃的和学生一样,都是粗茶淡饭。陈献章从广东来向他求学,一天凌晨,太阳刚出来,吴与弼已经起来在簸谷子,而陈献章还没有起床。吴与弼大声呵斥道:秀才,你这么懒惰,以后怎能成为孟子、程颐这些圣贤的门徒?地方官吏多次举荐他做官,他都不去,并长叹道:宦官、佛教这些弊病不除,要想治理天下,真是太难了!我何必做官呢?(《明史》卷二八二;《明儒学案》卷一)

胡九韶乐享"清福"

明代胡九韶是儒学大师吴与弼的学生,他和老师一样,注意在日常生活中做到"贫而乐"。他家里很穷,尽管他努力耕作,也只能过着勉强糊口的日子。奇怪的是,他每天晚上都要烧香感谢老天爷让他享了一天"清福"。他的妻子笑他说:一天三顿粥,还说什么享清福?胡九韶一本正经地开导妻子:有幸世道太平,一家人有吃的、穿的,又没有人生病,也没有人坐牢,这不是清福是什么?(清·黄宗羲《明儒学案·崇仁学案》)

陈茂烈克己求道

陈茂烈,字时周,福建莆田人。他注重自我修养,十八岁时写了《省克录》,作为自我修养的座右铭。他处处以颜回为榜样,克己清廉。做吉安推官时,冬天没有棉被盖,差点冻死。入京做了监察御史之后,他仍然穿着简陋的衣服,骑一匹跛脚母马,所过之处,人人敬畏。

后来,他辞官家居,平时除了老母所需之外,自己是破床烂席,连蚊帐也没有。他亲自耕地,维持生计。当地的太守看他太劳苦,就派了两个人去帮他。可是过了三天,他就对太守说:您这样做,只会使我这个小老百姓增加吃饭的人口,我还是把人还给您吧。他在耕作之余,就静坐斗室,全心全意地悟道,一有体会,就立即记下来。吏部官员看他太劳累清苦,请他担任晋江教谕,他谢绝了。吏部奏请按月由官府供给他生活费用,他上书谢绝道:臣家一贯贫寒,老母也安贫乐贱,我也有能力尽孝奉养老母。况且老母已经八十六岁,不久于人世,老母一死,我也会跟她去,哪敢领受朝廷的给养呢?后来,老母一死,他果然也死了。(《明儒学案·白沙学案》;《明史》列传第一百七十一)

罗洪先洁身自好

罗洪先,字达夫,号念庵,吉水(今江西省吉水县)人。他是官员家庭出身,自幼端重,不为嬉戏,从小立志要当学者。嘉靖五年(1526年),罗洪先参加乡试中举人,嘉靖八年(1529年)己丑科会试,殿试第一,授翰林院修撰。当时明世宗迷信道教,求长生,政治极为腐败。罗洪先看不惯朝廷的腐败,即请告归。嘉靖十八年(1539年),他出任廷官,因联名上《东宫朝贺疏》冒犯世宗皇帝而被撤职。从此罗洪先离开官场,开始了学者的生活。他自归家务农之后,隐居山间,更加专心致志地考究王守仁之学,闭门谢客,默坐一榻,三年不出户。他甘于淡泊,冬练三九,夏练三伏,骑马练弓、考图观史,上至天文、地理、礼乐、典章、水利、边塞、战阵、攻守,下至阴阳、术数,无不精心探究。

他虽然是大学者,但生活十分贫困,有个叫项瓯东的人同情他,让一个被判死罪的富人向罗洪先赠送万金,他坚辞不受。过后,他考虑到这个富人罪不当死,又私下为其疏通,使其不死,却不让此人知道是自己出的力。本来他家是有田宅祖业的,可是他全部让给了弟弟,自己另外盖了仅能遮风雨的小屋,以供读书。谁知不久小屋又被大水冲毁,只好到农民家租房子住。巡抚马森曾先后馈赠他数千金,他都拒绝了,这次,又想用被他拒收的钱为他盖一所房子,他仍然不肯接受。最后,还是他门下的弟子集资为他盖了一所"正学堂",作为他讲学和居住之地,他才有了安身之所。去世前,许多门生、朋友前来探望,见他屋内空空,一贫如洗,问他怎么会穷到这步田地,他笑着说:这是我洁身自好的缘故。(《明儒学案·江右王门学案》;《明史》卷二八三)

徐霞客壮游神州

徐霞客,名弘祖,字振之,号霞客。中国明代旅行家、地理学家、散文家。他自幼聪慧过人,好读书。十五岁博览祖遗"绛云楼"藏书,特好古今史籍、地志图经,萌远游五岳之志。十八岁,父亲受群豪欺侮,忧愤而死。他决意不应科举,不入仕途,遍游名山大川。

万历三十五年,二十一岁的徐霞客辞别母亲和新婚妻子开始出游。初期旅行以登名山、访胜迹为主,因老母在堂,每年春天外出,秋冬计程以归。他"游山川如会知己,探穷凹如掘至宝",四十七岁以前,游历了北方的泰山、嵩山、华山、恒山、五台山;南方的黄山、庐山、普陀山、天台山、雁荡山,最远至福建的武夷山。天启元年(1621年),为纪念母病痊愈,盖"晴山堂",搜求先世遗墨、题赠,为之刻石。天启四年,因母已届八十高龄,打算暂缓远行。母不以为然,特命他陪同母亲作宜兴、句容之游,以示激励。翌年九月母病逝,在家守庐。崇祯元年(1628年)服丧期毕,乃放志远游。他有感于"山川面目多为图经志籍所蒙",以更多的精力,对地理现象作考察研究。四月,去福建漳州看望好友黄道周。远抵广东罗浮山。崇祯二年,由南转北,入京师,游盘山。崇祯三年,再南游漳州。五年,重游天台山、雁荡山。六年,出南京,再北上京师,游五台山、恒山,又南下三游漳州。他身体健壮,携一杖,一破被,登山捷如猿。能忍数日饥,逢食即饱,旅泊岩栖,游行无所碍。

崇祯九年,徐霞客已年届五十。他立志考察西南地貌,跋涉"蛮荒"。于九月十九深夜,辞别亲友,大笑出门,放舟作万里遐征,同行有静闻和尚和顾姓仆人。静闻系江阴迎福寺僧,刺血写成法华经一部,愿供于云南的鸡足山。一行取道浙江、越江西、湖南、广西、贵州去云南。十年二月二十夜泊湘江新塘,遇盗舟焚,

静闻、顾仆受伤,行李财物尽失。徐没有为之却步,设法取得友人资助后,重新上路。九月,静闻病死于广西南宁崇善寺。他背负静闻遗骨,与顾仆分担行李,历时一年余,经贵州于十一月底到达云南的鸡足山悉檀寺。十二年,顾仆卷包潜逃,他在僧人们的帮助下继续考察,主要活动于崇山峻岭。山中无粮,就吃野菜野果为生;无处投宿,就以山洞树林为家。攀绝壁,涉洪流,探历一百多个石灰岩溶洞,认真记载。

徐霞客是世界上对石灰岩地貌(又称喀斯特)进行大规模考察,并作详细记录和深入研究的第一人。他横穿云南,对金沙江、澜沧江、丽江等诸水流实地调查勘测,写成《溯江纪源考》和《盘江考》,详细论证长江和盘江的水源,肯定金沙江为长江上源,纠正了儒家经典《禹贡》以岷江为江源之谬。

此外,徐霞客还远抵云南边陲腾冲,对有地下热能表现的地区进行寻访。直到患了足疾,还应丽江知府木生白之请,留修《鸡足山志》四卷,历三月告成。后"因病不良于行,于十三年坐船东归",六月抵家,次年正月二十七(1641年3月8日)与世长辞。

徐霞客一生足迹遍及今华东、华北、东南沿海和云贵地区计十六个省的无数山川。在旅途中,总要把当天的经历与观察所得记录下来。有时日行百里,露宿残垣,寄身草莽,仍坚持燃枯草照明,走笔为记。这些游记涉及所到之处的地理、地貌、地质、水文、气候、植物、农业、矿业、手工业、交通运输,以及名胜古迹、风土人情等,文笔优美。经后人编辑成约六十余万字的《徐霞客游记》,不但具有极高的科学价值,而且具有很高的文学价值,被誉为"千古奇书"。(清·钱谦益《徐霞客传》)

李时珍跋山涉水著医书

李时珍,字东璧,号濒湖,明正德十三年生于湖北一个世医家庭。少年时代,李时珍常跟父亲和哥哥采集草药,或帮父亲抄写药方,听父亲讲解药物学知识。当时科举盛行,他十四岁中了秀才。但他热爱医药事业,对八股文不感兴趣。因此,考举人三次落榜后,他放弃了科举入仕的道路,一心做医生。

在行医的十几年中,李时珍阅读了大量古医籍,又经过临床实践,发现古代的本草书籍"品数既烦,名称多杂。或一物析为二三,或二物混为一品"。特别是其中的许多毒性药品,竟被认为可以"久服延年",而遗祸无穷。于是,他决心要重新编纂一部本草书籍。从三十一岁那年,他就开始酝酿此事,为了"穷搜博采",李时珍读了大量参考书。家藏的书读完了,就利用行医的机会,向本乡豪门大户借。后来,他进了武昌楚王府和北京太医院,读的书就更多,简直成了"书迷"。他自述"长耽嗜典籍,若啖蔗饴"(《本草纲目》原序)。顾景星在《李时珍传》里,也赞他"读书十年,不出户庭,博学无所弗睨"。他不但读了八百余种、万余卷的医书,还看过不少历史、地理和文学名著及敦煌的经史巨作,连数位前代伟大诗人的全集也都仔细钻研过。

他还从中摘录了大量有关医药学的诗句。而这些诗句也确实给了他许多真实有用的医药学知识,帮助他纠正了前人在医药学上的许多谬误。如古代医书中,常常出现"鹜与凫"。它们指的是什么?是否有区别?历代药物学家众说纷纭,争论不休。李时珍摘引屈原《离骚》中的"将与鸡鹜争食乎","将泛乎若水中之凫乎"两句,指出诗人把"鹜"与"凫"对举并称,就是它们并非同一种禽鸟的明证。他又根据诗中对它们不同生活环境的描绘,证明"鹜"是家鸭,"凫"是野鸭子,药性不同。屈原的诗赋,竟成了李时珍考证药物名实的雄辩依据。在编写《本草纲目》的过程中,最使李时珍头痛的就是由于药名的混杂,药物的形状和生长的情况十分不明。过去的本草书,虽然作了反复的解释,但是由于有些作者没有深入实际进行调查研究,而是从书本上抄来抄去在"纸上猜度",所以越解释越糊涂,而且矛盾倍出,使人莫衷一是。例如药物远志,南北朝著名医药学家陶弘景说它是小草,像麻黄,但颜色青,开白花,宋代马志却认为它像大青,并责备陶弘景根本不认识远志。又如狗脊一药,有的说它像萆薢,有的说它像拔葜,有的又说它像贯众,说法极不一致。类似情况很多,李时珍不得不一次又一次地搁下笔来。这些难题该怎样解决呢?

在父亲的启示下,李时珍认识到,"读万卷书"固然需要,但"行万里路"更不可少。于是,他既"搜罗百氏",又"采访四方",深入实际进行调查。李时珍穿上草鞋,背起药筐,在徒弟庞宪、儿子建元的伴随下,远涉深山旷野,遍访名医宿儒,搜求民间验方,观察和收集药物标本。

他首先在家乡蕲州一带采访。后来,他多次出外采访。除湖广外,还到过江西、江苏、安徽好多地方。均州的太和山也到过。盛产药材的江西庐山和南京的摄山、茅山、牛首山,估计也有他的足迹。后人为此写了"远穷僻壤之产,险探麓之华"的诗句,反映他远途跋涉,四方采访的生活。李时珍每到一地,就虚心地

中 篇 故 事

向各式各样的人物请求。其中有采药的,有种田的,捕鱼的,砍柴的,打猎的,都热情地帮助他了解各种各样的药物。比如芸苔,是治病常用的药。但究竟是什么样的?《神农本草经》说不明白,各家注释也搞不清楚。李时珍问一个种菜的老人,在他指点下,又察了实物,才知道芸苔,实际上就是油菜。这种植物,头一年下种,第二年开花,种子可以榨油,于是,这种药物,便在他的《本草纲目》中一清二楚地注解出来了。

不论是在四处采访中,还是在自己的药圃里,李时珍都非常注意观察药物的形态和生长情况。例如蕲蛇,即蕲州产的白花蛇。这种蛇有医治风痹、惊搐、癣癞等功用。李时珍早就研究它。但开始,只从蛇贩子那里观察。内行人提醒他,那是从江南兴国州山里捕来的,不是真的蕲蛇。那么真正的蕲蛇又是什么样子的呢?他请教一位捕蛇的人。那人告诉他,蕲蛇牙尖有剧毒。人被咬伤,要立即截肢,否则就中毒死亡。治疗上述诸病有特效,因之非常贵重。州官逼着群众冒着生命危险去捉,以便向皇帝进贡。蕲州那么大,其实只有城北龙峰山上才有真正的蕲蛇。李时珍追根究底,要亲眼观察蕲蛇,于是请捕蛇人带他上了龙峰山。那里有个狻猊洞,洞周围怪石嶙峋,灌木丛生。缠绕在灌木上的石南藤,举目皆是。蕲蛇喜欢吃石南藤的花叶,所以生活在这一带。李时珍置危险于度外,到处寻找。在捕蛇人的帮助下,终于亲眼看见了蕲蛇,并看到了捕蛇、制蛇的全过程。由于这样深入实际调查,后来他在《本草纲目》写到白花蛇时,就得心应手,说得简明准确。说蕲蛇的形态是:"龙头虎口,黑质白花,胁有二十四个方胜文,腹有念珠斑,口有四长牙,尾上有一佛指甲,长一二分,肠形如连珠";说蕲蛇的捕捉和制作过程是:"多在石南藤上食其花叶,人以此寻获。先撒沙土一把,则蟠而不动,以叉取之。用绳悬起,刀破腹以去肠物,则反尾洗涤其腹,盖护创尔,乃以竹支定,屈曲盘起,扎缚炕干。"同时,也搞清了蕲蛇与外地白花蛇的不同地方:"出蕲地者,虽干枯而眼光不陷,他处者则否矣。"这样清楚地叙述蕲蛇各种情况,当然是得力于实地调查的细致。李时珍了解药物,并不满足于走马看花式的调查,而是一一采视,对着实物进行比较核对,弄清了不少似是而非、含混不清的药物。用他的话来说,就是"一一采视,颇得其真","罗列诸品,反复谛视"。

就这样,李时珍经过长期的实地调查,搞清了药物的许多疑难问题,于万历戊寅年(1578年)完成了《本草纲目》编写工作。全书约有两百万字,五十二卷,载药一千八百九十二种,新增药物三百七十四种,载方一万多个,附图一千多幅,成了我国药物学的空前巨著。其中纠正前人错误甚多,在动植物分类学等许多方面有突出成就,并对其他有关的学科(生物学、化学、矿物学、地质学、天文学等)也做出贡献,达尔文称赞它是"中国古代的百科全书"。(《明史·李时珍传》)

顾炎武马背读书

顾炎武是明末清初著名的思想家和学者。他一生勤奋治学,"自少至老,未尝一日废书"(潘耒《日知录序》),广泛涉猎经、史、音韵、金石、舆地、诗文诸学,在学术上取得了极其辉煌的成就。

顾炎武自幼勤学。他六岁启蒙,十岁开始读史书、文学名著。十一岁那年,他的祖父蠡源公要求他读完《资治通鉴》,并告诫说:现在有的人图省事,只浏览一下《纲目》之类的书便以为万事皆了了,我认为这是不足取的。这番话使顾炎武领悟到,读书做学问是件老老实实的事,必须认真忠实地对待它。顾炎武勤奋治学,他采取了"自督读书"的措施:首先,他给自己规定每天必须读完的卷数;其次,他限定自己每天读完后把所读的书抄写一遍。他读完《资治通鉴》后,一部书就变成了两部书;再次,要求自己每读一本书都要做笔记,写下心得体会。他的一部分读书笔记,后来汇成了著名的《日知录》一书。最后,他在每年春秋两季,都要温习前半年读过的书籍,边默诵,边请人朗读,发现差异,立刻查对。他规定每天这样温课两百页,温习不完,决不休息。

到了四十多岁的时候,他把家乡里所有的书都读完了。于是他就出外旅行,立志要读遍天下的书。在旅行的时候,顾炎武带着两匹马和两匹骡子,其中一匹马是骑的,另一匹马和两匹骡子都是驮书的。他骑在马上赶路的时候,也常常默默地背诵读过的书,要是有背不下来的地方,就立刻停下来,翻开书来温习。为了证明书的内容是不是正确,他常常进行实地调查,把调查来的知识和书上的知识互相对照。他每到一个地方,就忙着向当地的老年人请教,问他们哪里有险要的关口,哪里有山脉河流,从一个地方到另一个地方怎么走法,等等。要是从访问中得到的材料和书上记载的不一样,他一定要亲自到那里去观察一下,把亲眼看到的情况注在书里,以后再进行研究,写成文章说明自己的见解。有时行进在平原大道上,他就骑在马背上诵读古书,默背考证注释。因为勤奋好学,顾炎武的知识十分丰富,学问十分渊博。他对天文、历法、数学、地理、历史等,都有非常深刻的研究,并且写了好几十部书,成为历史上有名的一位大学问家。从此,人们就用"马背书馆"来赞扬顾炎武的苦学精神。(清·全祖望《亭林先生神道表》)

于成龙清苦克俭

于成龙,字北溟,号于山,清山西永宁(今吕梁离石)人。在二十

余年的宦海生涯中,三次被举"卓异",以卓著的政绩和廉洁刻苦的一生,深得百姓爱戴和康熙帝赞誉,以"天下廉吏第一"蜚声朝野。

于成龙少有大志,自幼过着耕读生活,受到较正规的儒家教育。顺治十八年,已四十四岁的于成龙,不顾亲朋好友的阻拦,抛妻别子,怀着"此行绝不以温饱为志,誓勿昧无理良心"的抱负,接受清廷委任,到遥远的边荒之地广西罗城担任县令。他在罗城县长达七年之久,这段时间是他为官的三分之一。他生活的环境极其艰难,却与当地百姓同甘共苦,不贪不占,赢得了人民群众的衷心爱戴。后担任黄冈同知,从穷乡僻壤逐渐迁向繁华之地,从破败的小县城迁至生活优越的都市。虽然生活条件改善了,官职不断地提升,但他的生活却一如既往,始终保持着自己的节操,不与世俗同流。

康熙二十年(1681年)十二月,康熙帝因于成龙"在直隶居官甚善","特简任江南总督"。按朝廷礼制,像于成龙这样的大员上任,沿途必有相应的接送,而他自己也要携带差役、随员一大批,以显示其崇高的地位和权威。但于成龙从河北到南京,一切排场和仪式全免,事先不做任何通知,为避免走漏风声,他不打扰驿站,不住沿途专设的公馆,而是自找宿店,自雇一辆驴车作为交通工具。正巧他的幼子来了,便陪他去上任。他身上仅带了制钱数十文,供沿途投宿之用。南京方面,各级官吏早已听说即将到任的于成龙为官清廉刚正,很敬畏他,又想巴结他。因此,在他到任之日,都出城远迎。可是,直等到中午,还不见人来。正在猜疑不定时,巡逻的差役报告说:于总督早已单车入府了。于是,群吏争先进献宴席、各色礼物。成龙一概回绝,弄得一城官吏不知所措。

　　于成龙日常食用极为简陋,"日食粗粝","佐以青菜"。对他来说,最好的菜要算豆腐,他每天早晨从市场上买回两斤豆腐,足够一日之用。在他的餐桌上,从无鸡鸭鱼肉,"终年不知肉味"。江南人传为"于青菜"。于成龙喜欢半夜饮酒,每次以半壶为限,其价钱不过五厘钱而已。他在湖北做官时,长子前来探望。儿子要回家时,成龙才买了一只腌鸭,只切了一半给儿子,供作途中食用。这些事传开,人们给他编了一首歌谣:"于公豆腐量太狭,长公临归割半鸭。半鸭于公过夜钱,五厘酒价何处沾。"南方人有喝茶的习惯,他的仆人也受他简朴习惯所影响,每天采摘衙门后院的老槐树叶当茶饮用。天长日久,槐树叶子都被采光了。他对自己的子女也是严格要求,从不准穿华贵的服装。他的子女冬天穿民用的褐衣,或木棉袍,未曾穿过一件珍贵的裘衣。他到了江南总督任上,虽然官位显赫,收入增多,可他的生活还是那么清苦,每天食用依然是粗食、青菜。遇有荒年,他继续降低自己的生活标准,日以屑糠加少许米做粥喝。即使家属探亲,或客人来,也是以此粥相待。他说:"如法行之,可留余米赈饥民也。"

　　于成龙轸念饥民之心,并非说说而已。江南习俗侈丽,讲究吃穿玩乐,特别是那些豪强地主、贪官污吏,竞相追求,大肆挥霍,从不顾及百姓的苦难死活。于成龙决心改变这种风气,他从自己做起,率先示范,大力倡导节俭。食用简陋,连他居住与办公的总督衙门也是如此。堂堂的总督府,空空荡荡,无一奢侈之物。据亲眼见过的人说,"几案间蛛丝鼠迹",一个竹筒,装有他的朝服一件,一只锅,备烧饭用,再有文卷书册数十束,"此外都无一物"。他的同僚以及满汉大臣们都不得不叹服:"于公清苦天下第一也。"他自己做出榜样,便制定具体条例,严禁奢侈的各种表现。在他的倡导与强制下,"相率易布衣",士大夫家减舆从,去排场,仪仗从简,毁掉涂有各种颜色的华丽装饰,婚嫁不用音乐。他到任才几个月,"政化大行",社会风气有了明显的改变,有些豪族巨猾被迫携家远避。

于成龙为官清廉之名,朝野上下皆知。康熙帝对他十分赞赏。康熙十九年十月,这位英明的皇帝对大学士们说:"居官者,宜以清廉为尚,官皆清廉,百姓自得遂其生矣。今朝臣有如于成龙之清者否?"他把于成龙作为居官的榜样,让他的臣属们仿效,同时,要以于成龙为标准,去鉴别官吏的好坏。次年二月,康熙帝在懋勤殿第一次接见于成龙,称赞他说:"尔为今时清官第一,殊属难得。"又问起当年在黄冈剿抚"土寇"叛乱之事,再询问他的属吏中有无清廉的人,于成龙当即推荐知县谢锡衮、同知何如玉、罗京等人清廉。康熙帝又提到在此之前于成龙参劾知县赵履谦是正确的。于成龙回答说:"赵履谦过而不改,臣不得已而参之。"康熙帝很满意,最后说:"为政之道当知大体,小聪小察,不足为多。且人贵始终一节。尔其勉之。"接见后,特赏赐钱物、良马,以示鼓励。

康熙二十三年(1684年),于成龙已六十八岁。康熙帝调江苏巡抚余国柱任左都御史、安徽巡抚涂国相任湖广总督,命成龙兼任江苏与安徽两巡抚事。不久,于成龙因病不治,至四月十八日死于任所。各将军、都统等地方大员及同僚、属吏都前来瞻仰遗容,只见室中空荡无物,仅在床头放着一个陈旧的方形竹制容器,里面装有一件绨袍,还有几只瓦罐,有的盛了一点粗米,有的盛了盐制的豆豉。仅此数物而已。

于成龙逝世的消息一传开,江宁(南京)市民百姓罢市,聚在一起痛哭,家家绘图像供奉祭祀。每天有数百人拥至衙舍哭拜,以至衙舍内外拥挤不堪。康熙帝得报,赐祭葬,根据他生前的为人和节操,谥"清端"。于成龙逝世不久,内阁学士席柱自福建、广东查勘海界回京复命,康熙帝还问到于成龙在江南居官时的表现。席柱以自己耳闻目见,如实做了回答。他说:"臣过江南,人俱说于成龙居官甚清。但因轻信,被属员欺罔。"康熙帝说:于成龙到总督任上,听说"居官不及前,变更素行。至病故后,始知其居官廉洁,甚为百姓所称。或于成龙素行耿直,与之不合者挟仇逸言,造作属下欺罔等语,亦未可定,是不肖之徒见嫉耳"。说到这里,康熙帝不禁感叹:"居官如于成龙者有几!"于成龙去世的同年十一月,康熙帝巡幸至江宁,召见江宁知府小于成龙,勉励他说:"务效前督于成龙,正直洁清,乃无负朕优眷之意。"他又对大学士等人说:"朕博采誉评,咸称于成龙实天下廉吏第一!"康熙帝回到北京,仍追念于成龙一生劳绩,于十二月,特加赠太子太保,荫一子入监读书。至雍正时,准于成龙入祀"贤良祠"。(《清史稿·于成龙传》;白寿彝主编《中国通史》第十卷)

张伯行清白之名闻天下

张伯行(1651—1725年),字孝先,河南仪封(今兰考)人。历官二十余年,以清廉刚直著称,"清白之名闻天下"。

张伯行从政伊始,就体恤民情,重民命,身体力行,付诸实践,很得人心。他上任山东济宁道时,适值山东闹饥荒。他急灾民之所急,不等朝廷采取措施,便慷慨捐出河南家中的钱、粮、棉衣,分装数船,运往灾区,分发给运河标兵和灾民,"倾资广惠,众赖以济"。这时,朝廷下达旨意,指令当地官员开仓赈济。张伯行奉命赈济汶上、阳谷等县,先后动用仓谷二万二千六百余石。事后,布政使司指控他专擅,上疏弹劾。张伯行毫不畏服,据理申辩:"奉旨赈济,不发仓谷,坐视各州县之百姓流离死亡而不救,仓有余粟,野有饿殍,本道之罪,其可逭乎?"又写道:"今本道以擅动仓谷被参,理应顺受。第恐将来山东各官,以本道为戒,视仓谷为重,民命为轻,一任鹄面鸠形,辗转沟壑,害有不可言者矣。"张伯行驳斥得有理,朝廷没有追究,此事即作罢论。

康熙四十六年(1707年)正月,康熙帝再次南巡,三月二十五日,在松江召见张伯行,对大臣们说:"朕至江南,访问张伯行居官甚清,此名最不易得。张伯行由进士历任按察使,不可以书生待之。"又对吏部说:"福建巡抚员缺,甚为紧要。张伯行为人笃实,即在行间,亦非退缩者,著升为福建巡抚。"康熙帝征求大学士和督抚们的意见,都"推奖无异词"。康熙帝非常高兴,说:"汝等何莫保举,朕保之。将来居官好,天下以朕为明君,若贪赃枉法,天下笑朕不识人。"当即又赐张伯行"廉惠宣猷"榜。

张伯行在江苏按察使任刚满十个月,即升为福建巡抚,从地方一个部门的负责官员一跃而成为地方最高行政长官。他深感责任之重,更加勤于政事,为地方兴利除弊。福建人多田少,一年所产粮食,不足一岁之用,市场米价昂贵,不法商人趁机牟取暴利。张伯行每年派官赴湖广、江西、广东等省采购粮食,以平价售出。他还广设仓储,积贮粮食,严防盗粮,禁止粮食出洋贸易或走私,从而保证了粮食供给,即使遇到荒年,粮食也无匮乏之虑。张伯行"终闽任,民无阻饥之患焉"。省城福州多崇信佛教,皆买贫家女髡发为尼僧,多至千百人。

张伯行下令严禁,并将已出家为尼的人都由其家属赎回,择婿婚配。贫穷之家无钱的,由官府代为赎出。"数月之间,怨旷得所,舆情大悦。"

康熙中期以后,吏治日益松弛,贪风也日甚一日。诸如贪污、贿赂、徇私舞弊等已屡见不鲜。张伯行身在官场之中,保持自己清廉的节操,坚决抵制贪贿之风。他补授山东济宁道后,入京进见康熙帝。吏部文选清吏司有一个姓陈的官员,明目张胆索要一份厚礼。张伯行拒绝送礼,因而不得进见,而与他同行的山东济东道馈以厚礼,陈某即准其先进见。张伯行怒目而视,被拒两月余。后经康熙帝查问,陈某才不敢不准张伯行进见。张伯行出任江苏按察使,按官场惯例,要向上司总督、巡抚馈送礼物,约合白银四千两。张伯行愤愤地说:"我为清官,岂能办此!"仅以价值数十金的茧绸扇帕等小物分赠督抚。他们嫌礼物太轻,都不受。

康熙四十八年十月,张伯行调任江苏巡抚。他一到任,就以整肃官场贪风为目标,严禁徇私舞弊,不得上下互相馈送。为此,他向全省发布一道政令:"一黍一铢,皆民脂膏,宽一分,民受一分之赐;要一文,身即受一文之污。虽曰交际之常,于礼不废,试思仪文之具,此物何来?本都院冰蘖盟心,各司道亦激扬同志,务期苞苴永杜,庶几风化日隆。"这份通令,写得简练如歌谣,通俗易懂。广大士民交相传诵,无不欢喜称快。

张伯行严格约束全省各地属员,而他自己则率先示范,杜馈送,处处节俭。他到福州上任时,见衙署"铺设甚盛,金银器皿,锦绣帷幕,炫耀于目"。于是,他召见属吏询问为何如此铺张。属吏说:"往例抚院新任,行户协备。"他严肃地说:"吾生平未尝用此,岂可过分?况行户即百姓,可滥用乎?"下令将全部陈设撤除,如数奉还,只留下前任巡抚不用的旧物。他调任江苏巡抚,先派旗牌官至苏,通令禁止官员科派百姓铺陈衙署。"及入署,四壁萧然,公(伯行)恬然安之。"伯行在外做官三十余年,"未尝携眷",每次上任,所带随从人员很少。任济宁道时,随行只四人,在福建任上有二十余人,而到江苏任上仅十三人。他的家很富有,在河南所置田产,"跨三四州县"。他"日用蔬菜米麦、寸丝尺帛,以至研麦磨石,曳磨之牛,皆自河南运载之"。张伯行一生为官,个人费用不取自官,而取自于家,始终廉洁朴素,声望日隆,谁不为之叹服!

张伯行廉洁做官,操行端正,为贪官所不容,屡遭攻击,甚至陷害。但他不畏权势,凭一身清正之气,同贪官们展开了不妥协的斗争。他与江南江西总督噶礼的斗争,突出地表现了其个人品质。

噶礼是满洲正红旗人,清开国勋臣何和礼的四世孙。他以勋臣之后,入朝为官。论才具,尚称能干。但他为人十分贪婪,纵容属员残虐百姓。康熙四十九年正月,他由山西巡抚擢升江南江西总督。他本已声名狼藉,一到江南,又大张威福,搜括财物,更无所顾忌。适逢三年一次考核外任各级官员优劣,噶礼对其属吏多所包庇,隐匿其劣迹。张伯行查出,尽行揭露革职。从此,噶礼心怀忌恨。康熙五十年九月,发生了科场舞弊案,两人的矛盾势同水火。

原来,此年江苏省举行乡试,副主考官赵晋等人内外交通关节,噶礼从中牟利,据传他索银五十万两。榜文公布,舆论哗然。苏州考生千余人共抬财神像入学宫,供奉明伦堂,辛辣讽刺官场钱能通神,以此表示他们的愤怒和强烈抗议。张伯行即上疏,据实报告事情经过。康熙帝即命户部尚书张鹏翮会同噶礼、张伯行及安徽巡抚梁世勋等在扬州会审,很快搞清了事实。案犯新中举人吴泌、程光奎通贿,副主考官赵晋等人作弊均供认不讳。事涉噶礼,张伯行坚持穷追到底,把事情搞个水落石出。噶礼又气又怕,百般阻挠。主持会审的张鹏翮与噶礼关系密切,便停止审问,希图尽速结案。这时,已是康熙五十一年正月,张伯行上疏劾总督噶礼,揭露他"营私坏法""数十事"及与考官为奸等罪状,要求将他解任,一并严审。他在疏中大声疾呼:惩办噶礼等人,"振千古之纲常,培一时之士气,除两江之民害,快四海之人心"。这一浩然正气的疏章很快传出,远近抄诵。张伯行不畏权势、刚直不阿的精神震动了朝野。噶礼见疏,惶惶不安,为了自保,也罗织罪名,上疏诬陷张伯行。督、抚互参,斗争愈加尖锐,问题也愈复杂。康熙帝下令督、抚都解任,交由钦差大臣审明。

福建、江苏百姓听说张伯行被撤职,纷纷罢市歇业。张伯行于扬州交印之日,数万人拥塞公馆院内及街道,哭声响彻全城,很多人要求赴京,向康熙帝申诉。次日,士民老弱又集公馆前,送上大量水果和蔬菜,张伯行皆谢绝。众人都跪在地上不起来,用膝盖爬行,恳求说:"公现任上止饮江南一杯水,今将去,无却子民一点心。"张伯行深为感动,仅收下豆腐一块,蔬菜一束。

及至张鹏翮审理督、抚互参案,有意偏袒噶礼,称张伯行"所奏全虚,应革职";噶礼"所奏,有实有虚,应留任"。康熙帝发现张鹏翮等人有意掩饰真相,给予斥责,又改遣户部尚书穆和伦、工部尚书张廷枢等前往扬州再审。噶礼心虚恐慌,指使一位姓李的官员私向张伯行说和,又以噶礼"党众",如张伯行不退让"必遭害"相威胁。张伯行说:"圣明在上,我何惧焉。"穆和伦、张廷枢也抱着息事宁人的态度,开导两人互相让步,和气了结。张伯行严辞拒绝。于是,穆、张两大臣仍按张鹏翮原议上报。康熙帝很生气,说:"张伯行居官清正,天下之人无不尽知,允称廉吏。"噶礼"办事敏练,而性喜生事,并未闻有清正之名"。他"屡次具参张伯行,朕以张伯行操守为天下第一,断不可参,手批不准,谕旨见在噶礼处。此所议是非颠倒"。命九卿、詹事、科道再议。第二天,康熙帝召见他们,说:"张伯行居官清廉,人所共知。……噶礼办事历练,至其操守,朕不能信。若无张伯行,则江南地方必受其朘削一半矣。"最后,康熙帝申明为"保全清官之意",作出判决:将噶礼革职,张伯行留任。消息传到江苏,广大士民齐声欢呼,家家门上张贴祝文:"天子圣明,还我天下第一清官。"又云集圆妙观,焚香结彩,遥拜皇恩。在北京,江南人有数万,持香至康熙帝所居畅春苑,向康熙帝谢恩,表示愿各减寿一岁,添加给圣寿"万万岁"。康熙帝对此不胜欣慰。

张伯行复官后,"以海上有贼,欺君妄奏,监毙良民数人"之罪,被张鹏翮等屡次参劾,拟斩。康熙帝为保全张伯行,免罪,于康熙五十四年(1715年)九月,命其来京。十二月,授为总督仓场侍郎,"戴罪效力"。后调任户部侍郎、充会试副考官。康熙六十一年(1722年)正月,康熙帝赐满汉老臣参加"千叟宴"。在宴会上,康熙表彰张伯行,说:"凡为大臣,当仰体君心,惠爱百姓。如张伯行为巡抚时,凡地方情形,米麦价值,皆不时奏闻,是真能以百姓为心者也。"时年已七十二岁的张伯行,对此评价感到由衷的欣慰。(《清史稿·张伯行传》;白寿彝主编《中国通史》第十卷)

郑板桥刻苦求学

郑板桥,名燮,字克柔,因排行第二,自称郑大、郑大郎。板桥是其号,或题板桥居士、板桥道人,晚年自署板桥老人。他是清代杰出的艺术家、文学家。三岁时,父亲就开始教他识字、写字,五六岁时教他读诗背诵。六岁以后,教他读四书五经,要他抄写熟记。八九岁时,父亲教他作文联对,还常去舅父家聆听舅父汪翊文的开导与教海。《板桥自序》称自己"幼随其父学,无师也"。又说:"板桥文学性分,得外家气居多。"直至十七八岁时,板桥才离开兴化老家到真州(今仪征县)的毛家桥去读书。

板桥读书很刻苦,且善于独立思考。他不相信有过目成诵的神童。他在《潍县署中寄舍弟墨一书》中说:"读书以过目成诵为能,最是不济事。眼中了了,心下匆匆,方寸无多,往来应接不暇,如看场中美色,一眼即过,与我何与也。"他还认为,无所不诵不是好事,对书要有选择,即使好的书,也要选择书中好的来读,有些章节,令人可歌可泣,更应该"反复诵观"。所以,他在熟读上下苦功夫,经常一部书要读上多遍,务求能背得下来。

板桥读的书也很广泛。他虽不喜欢考证繁烦的经学,但仍然花很大的功夫去攻读。他喜欢读历史、诗词、散文等作品。"少年游冶学秦柳,十年感慨学辛苏。"他不是个束缚在经书教条中的书呆子,也不总坐书斋死读书,而是喜欢走出家门,面向大自然。《板桥自序》中说:"板桥非闭户读书者,长游于古松、荒寺、平沙、远水、峭壁、墟墓之间。然无之非读书也。"

二十岁时,板桥从真州回到家乡,拜陆种园老先生为师。陆种园品行高洁,文才横溢,书法很有个人风格,尤擅长填词。板桥就跟他学习填词。与此同时,他还结交了许多诗朋画友。由于板桥天分较高,学习勤奋刻苦,再加之名师尽心指点,他不仅通读了四书五经,且在绘画、书法、做诗、填词诸方面都有了名声,很快他就成为当时兴化县有名的秀才了。

板桥二十三岁时,与徐氏结婚。徐氏是个贤惠温顺的女子。婚后他们有了两男一女,为了养家餬口,板桥只得辍学了。

板桥年轻时喜欢写字,爱好学画。他特别爱画竹。他家原有两间茅屋,茅屋的南边有些空地,种了许多竹子。每天早晨,板桥起床后就去看竹。竹,"劲节可风,潇洒不俗","历四时而长茂,值霜雪而不凋",时时引起画家的共鸣。此外,他还画兰、画石。二十岁左右,板桥的兰、竹、石已画得十分出色了。随着年事增长,阅历丰富,功夫日深,兰、竹、石在他笔下越来越不同凡响。于是他就常常以卖画鬻字来解救生活的贫困,所谓"日卖百钱,以代耕稼,实救贫困,托名风雅"。(清·郑燮《板桥自序》)

曾国藩勤政自律

曾国藩(1811—1872年),字伯函,号涤生,晚清重臣,湘军创立者和统帅。他的为官要诀,在乎一个"勤"字。曾国藩早年戎马,书生治军,全靠一个"勤"字诀。"公之在营也,未明即起,出巡营垒,阅操练,日中清理文卷,接见宾僚,以其余时披览书史,不使身心有顷刻之暇。尝称时局艰难,惟劳动心力者可以补救。前后数十年,治军治官,虽当困苦危险之际,以至功成名遂之时,不改其度焉"。曾国藩认为,为官者应有五勤,"五者皆到,无不尽之职矣":

一曰身勤:险远之路,身往验之;艰苦之境,身亲尝之。

二曰眼勤:遇一人,必详细察看;接一文,必反复审阅。三曰手勤:易弃之物,随手收拾;易忘之事,随笔记载。四曰口勤:待同僚,则互相规劝;待下属,则再三训导。五曰心勤:精诚所至,金石亦开;苦思所积,鬼神迹通。

纵观曾氏一生,"手眼俱到,心力交瘁,困知勉行,夜以继日"是对其最好的评价。曾国藩办事认真,心思缜密,后期更是位高权重,日理万机。他仅活了六十一岁,这与其长时间的超负荷工作有很大关系。曾国藩晚年右目失明,仍不愿假手他人,坚持亲手批阅公文,递折奏事。他还有写日记的习惯,一直记到临死前一天才罢笔,而此前的一周他已深受病痛折磨,舌头僵硬,口不能语。

曾国藩以"勤"为生命之快乐体验,指出"习劳则神钦"。"古之圣君贤相,盖无时不以勤劳自励。为一身计,则必操习技艺,磨练筋骨,困知勉行,操心危虑,而后可以增智慧而长才干;为天下计,则必己饥己溺,一夫不获,引为余辜。勤则寿,逸则夭。勤则有材而见用,逸则无劳而见弃;勤则博济斯民而神祇钦仰,逸则无补于人而神鬼不歆"。为把"勤"字诀传之后人,曾国藩将居住之所命名为"八本堂",教育后人要戒骄戒惰。这八句话是:

读书以训诂为本。诗文以声调为本。事亲以得欢心为本。养生以少恼怒为本。立身以不妄语为本。居家以不晏起为本。居官以不要钱为本。行军以不扰民为本。

曾国藩教导子弟"总以习劳苦为第一要义"。他多次提到:"吾家子侄辈,总以谦勤二字为主。戒傲戒惰,保家之道也"。"吾家现虽鼎盛,不可忘寒士家风味。吾则不忘蒋市街卖菜篮情景,弟则不可忘竹山凹施碑车风景。昔日苦况,安知异日不再尝之,自知谨慎矣"。"子弟力戒傲惰。戒傲,以不大声骂仆从为首;戒惰,以不晏起为首"。

"世家子弟最易犯一奢字傲字。不必锦衣玉食而后谓之奢也,但使皮袍呢褂,俯拾即是,舆马什从,习惯为常,此即日趋于奢矣"。

曾国藩平定太平天国后,声誉鹊起,成为其时第一名臣,连同治帝都不得不承认:"环顾中外,才力气量如曾国藩者,一时亦实难其选。"此种形势下,曾国藩益求自律,遵从一"谨"字。平定金陵后,湘军军纪大坏。加之曾国藩功高震主,遭清廷猜忌。咸丰曾下旨,取金陵者封王位,但等曾氏兄弟攻取金陵后,只得到侯爵封赏。曾国藩审时度势,果断下令裁撤湘军。湘军裁撤后,许多士兵加入秘密会社哥老会。湘乡乃湘军首倡之处,哥老会成员也众多。曾国藩兄弟发达后,他十分忧虑家人骄横,屡次写信回家,告诫族人万不可依仗权势,横行乡里。但他担心的事情还是发生了。当时在家中主事的是他的四弟曾国潢。曾国潢藉大哥、九弟威望,对镇压哥老会"会匪"一事颇为热心。保护地方本无可厚非,然曾国潢往往借剿匪之名打击异己,将平素"憎恶"之人以"匪徒"名义交官治罪。湘乡县令熊某哪敢得罪,曾国潢交代的事他一一照办。有一次曾国潢送来五十余人,要求全部杀头,熊某只好依从。熊某笃信佛学,不忍心杀人,故每次见到曾国潢时都垂泪不已。有人问他何故,他答曰:"曾四爷又要藉我的手杀人了!"有一次,湘乡县城新建码头竣工,按惯例须以"三牲"祭祀,但这次祭祀却未杀猪宰羊,而是在曾国潢的主持下斩杀十六人祭之。此事传出,乡人皆以曾氏族人为恨。咸丰七年,曾国藩因父亲亡故回到湘乡。回家后他很快得知曾国潢杀人逞凶、遭民怨恨之事。曾国藩怒不可遏,本想狠狠教训四弟一番。然而他想到自己多年在外,家中大小诸事均由四弟照料,且父亲尸骨未寒,甫一回家便责骂四弟,未免不妥。这天中午,他向夫人要了一锥子,等曾国潢睡午觉时,曾国藩用锥猛刺四弟大腿,顿时鲜血直流,染红被褥。曾国潢从睡梦中惊醒,痛呼:"残暴!残暴!"曾国藩厉声说:"为何如此大呼小叫?"曾国潢回答:"痛死我也!"曾国藩道:"我只用锥子刺一下你的大腿,你就如此痛苦,你杀的那些哥老会众,他们就不痛吗?"曾国潢这才明白哥哥此举原来是在教训他。经历此事,曾国潢痛改前非,戒掉了骄横暴虐的毛病,在当地做了大量的义举善行。

曾国藩担任两江总督时,表弟江庆从家乡赶来,希望能在城里谋份差事,以免乡间劳作之苦。江庆是曾国藩五舅独子,五舅对他可说是恩重如山。当年曾国藩进京赶考缺少路费,五舅将自家耕牛变卖,为其凑足盘缠,才有了他后来的飞黄腾达。况且曾国藩乃爱才之人,于情于理都应留下江庆。曾国藩将表弟安排在身边,交办一些上传下达的闲散事务。经过一段时间的观察,曾国藩发现表弟尽管能力平庸,但办事认真,尚属可造之材。但不久曾国藩改变了主意,他发觉江庆在熟悉情况后开始飘飘然,其褊狭怠懒的弱点渐渐开始暴露。

江庆经常打着总督表弟的旗号,在其他幕僚面前指手画脚,搬弄是非,造成很坏的影响。曾国藩与江庆同桌吃饭时,总是咬去米饭中未脱尽的谷壳,将里面的米嚼碎咽下,江庆则不然,直接挑出谷粒扔掉。曾国藩觉得表弟本为农家子弟,却尽沾染些游惰之气,不宜继续留在幕府。曾国藩亲自手书一联,告诫表弟"世事多因忙里错,好人半从苦中来",又拿出一百两银子送他作为置业本钱,将他打发回家了。
(清·黎庶昌《曾文正公年谱》;清·曾国藩《曾文正公全集》)

- 下篇 -

名言

目 錄

下篇名言

一、先秦名言

克勤于邦,克俭于家。(《尚书·大禹谟》)

君子所其无逸。(《尚书·无逸》)

不知稼穑之艰难,乃逸。(《尚书·无逸》)

惟日孜孜,无敢逸豫。(《尚书·君陈》)

功崇惟志,业广惟勤。(《尚书·周官》)

慎乃俭德,惟怀永图。(《尚书·太甲上》)

欲败度,纵败礼。(《尚书·太甲中》)

君子以俭德辟难。(《周易·否》)

君子以惩忿窒欲。(《周易·咸传·损》)

天行健,君子以自强不息。(《周易·乾·象》)

君子以慎言语,节饮食。(《周易·大象》)

君子丧过乎哀,用过乎俭。(《周易·小过》)

天地节而四时成。节以制度,不伤财,不害民。(《周易·节卦》)

俭,德之共也;侈,恶之大也。(《左传·庄公二十四年》)

民生在勤,勤则不匮。(《左传·宣公十二年》)

宴安鸩毒,不可怀也。(《左传·闵公元年》)

怀必贪,贪必谋人,谋人,人亦谋己。(《左传·宣公十四年》)

怀与安,实败名。(《左传·僖公二十三年》)

节用于内,而树德于外。(《左传·昭公十九年》)

以不贪为宝。(《左传·襄公十五年》)

夙兴夜寐,洒扫庭内。(《诗经·大雅·抑》)

我有三宝,持而保之:一曰慈,二曰俭,三曰不敢为天下先。慈,故能勇;俭,故能广;不敢为天下先,故能成器长。(《老子》)

罪莫大于可欲,祸莫大于不知足。(《老子》)

见素抱朴,少私而寡欲。(《老子》)

知足不辱,知止不殆,可以长久。(《老子》)

知足常足,终身不辱;知止常止,终身不耻。(《老子》)

知足之足,恒足矣。(《老子》)

知足者,富也。(《老子》)

学而时习之,不亦乐乎。(《论语·学而》)

道千乘之国,敬事而信,节用而爱人,使民以时。(《论语·学而》)

博学而笃志,切问而近思。(《论语·子张》)

君子食无求饱,居无求安。(《论语·学而》)

饭疏食饮水,曲肱而枕之,乐亦在其中矣。(《论语·述而》)

一箪食,一瓢饮,在陋巷,人不堪其忧,回也不改其乐。(《论语·雍也》)

饱食终日,无所用心,难矣哉。(《论语·阳货》)

士而怀居,不足以为士矣。(《论语·宪问》)

士志于道,而耻恶衣恶食者,未足与议也。(《论语·里仁》)

奢则不孙,俭则固。(《论语·述而》)

林放问礼之本。子曰:"大哉问!礼,与其奢也,宁俭;丧,与其易也,宁戚。"(《论语·八佾》)

学者自强不息,则积少成多;中道而止,则前功尽弃。(朱熹《四书集注》)

日知其所亡,月无忘其所能,可谓好学也已矣。(《论语·子张》)

下篇 名 言

发愤忘食,乐以忘忧,不知老之将至。(《论语·述而》)

温故而知新,可以为师矣。(《论语·为政》)

君子谋道不谋食,君子忧道不忧贫。(《论语·卫灵公》)

君子修道立德,不为穷困而败节。(《孔子家语·在厄》)

士无事而食,不可也。(《孟子·滕文公下》)

博学而详说之,将以反说约也。(《孟子·离娄下》)

生于忧患而死于安乐。(《孟子·告子下》)

养心莫善于寡欲。(《孟子·尽心下》)

山径之蹊间,介然用之而成路;为间不用,则茅塞之矣。(《孟子·尽心下》)

恭者不侮人,俭者不夺人。……恭俭岂可以声音笑貌为哉?(《孟子·离娄上》)

资之深,则取之左右逢其源。(《孟子·离娄下》)

俭节则昌,淫佚则亡。(《墨子·辞过》)

其财用节,其自养俭,民富国治。(《墨子·节用上》)

赖其力者生,不赖其力者不生。(《墨子·非乐上》)

侈而惰者贫,力而俭者富。(《韩非子·显学》)

夫民劳则思,思则善心生;逸则淫,淫则忘善,忘善则恶心生。沃土之民不材,淫也;瘠土之民莫不向义,劳也。(《国语·鲁语下》)

侈则不恤匮,匮而不恤,忧必及之,若是则必广其身。且夫人臣而侈,国家弗堪,亡之道也。(《国语·周语》)

强本而节用,则天不能贫……本荒而用侈,则天不能使之富。(《荀子·天论》)

知节用裕民,则必有仁义圣良之名,而且有富厚丘山之积矣。(《荀子·富国》)

足国之道,节用裕民,而善臧其余。(《荀子·富国》)

恭俭者,偋五兵也,虽有戈矛之刺,不如恭俭之利也。(《荀子·荣辱》)

劳苦之事则争先,饶乐之事则能让。(《荀子·修身》)

人之于文学,犹玉之琢磨也。(《荀子·大略》)

身贵而愈恭,家富而愈俭。(《荀子·儒效》)

不学问,无正义,以富利为隆,是俗人者也。(《荀子·儒效》)

积土而为山,积水而为海。(《荀子·儒效》)

臣下职,莫游食,务本节用财无极。(《荀子·成相》)

学至乎没而后止。(《荀子·劝学》)

少而不学,长无能也。(《荀子·劝学》)

积土成山,风雨兴焉;积水成渊,蛟龙生焉。(《荀子·劝学》)

锲而舍之,朽木不折;锲而不舍,金石可镂。(《荀子·劝学》)

骥一日千里,驽马十驾,则亦及之矣。(《荀子·修身》)

鹪鹩巢于深林,不过一枝;偃鼠饮河,不过满腹。(《庄子·逍遥游》)

其嗜欲深者,其天机浅。(《庄子·大宗师》)

邱山,积卑而为高;江河,合水而为大。(《庄子·则阳》)

日计之而不足,岁计之而有余。(《庄子·庚桑楚》)

以俭得之,以奢失之。(《韩非子·十过》)

俭于财用,节于衣食。(《韩非子·难二》)

贪如火,不遏则燎原;欲如水,不遏则滔天。(《韩非子》)

奢者富不足,俭者贫有余;奢者心常贫,俭者心常富。(《慎子·外篇》)

食鱼无反。(《晏子春秋·内篇》)

称财多寡而节用之。(《晏子春秋·内篇》)

大山之高,非一石也,累卑然后高。(《晏子春秋·内篇》)

量入以为出。(《礼记·王制》)

博学之,审问之,慎思之,明辨之,笃行之。(《礼记·中庸》)

好学近乎智。(《礼记·中庸》)

君子乐得其道,小人乐得其欲。(《礼记·乐记》)

时过然后学,则勤苦而难成。(《礼记·学记》)

博学而不穷,笃行而不倦。(《礼记·学记》)

人一能之,己百之;人十能之,己千之。(《礼记·中庸》)

义胜欲者从,欲胜义者凶。(《礼记·武王践阼》)

富以苟,不如贫以誉。(《礼记·曾子制言》)

好学近乎知,力行近乎仁,知耻近乎勇。(《礼记·中庸》)

不祈多积,多文以为富。(《礼记·儒行》)

子之学也博,其服也乡。(《礼记·儒行》)

国奢则示以俭,国俭则示之以礼。(《礼记·檀弓下》)

人惰而侈则贫,力而俭则富。(《管子·形势解》)

士不厌学,故能成其圣。(《管子·形势解》)

节欲之道,万物不害。(《管子·内业》)

一意博心,耳目不淫,虽远若近。(《管子·内业》)

取于民有度,用之有止,国虽小必安;取于民无度,用之无止,国虽大必危。(《管子·权修》)

国侈则用费,用费则民贫,民贫则奸智生,奸智生则邪巧作。故奸邪之所生,生于匮不足,匮不足之所生,生于侈;侈之所生,生于毋度。(《管子·八观》)

适身行义,俭约恭敬,其唯无福,祸亦不来矣。骄傲侈泰,离度绝

理,其唯无祸,福亦不至矣。(《管子·禁藏》)

惟天地之无穷兮,哀人生之长勤。(《楚辞·远游》)

常指四字,勤谨和缓。(《小学·外篇·嘉言》)

路曼曼其修远兮,吾将上下而求索。(屈原《离骚》)

金银珠宝不饰,锦绣文绮不衣,奇怪珍异不视,玩好之宝不器。(《六韬·盈虚》)

欲无度者,其心无度;心无度者,则其所为不可知矣。(《吕氏春秋·观表》)

私视使目盲,私听使耳聋,私虑使心狂。(《吕氏春秋·序意》)

无德而望其福者约,无功而受其禄者辱。(《战国策·齐策》)

积薄而为厚,聚少而为多。(《战国策·秦策》)

君子不惰,真人不怠。(《鹖冠子·世兵》)

二、秦汉名言

水之性清而土壤汩之,人之性安而嗜欲乱之。(汉·孔鲋《孔丛子》)

墨者俭而难遵,……然其强本节用不可废也。(汉·司马谈《论六家要旨》)

夫王事固未有不始于忧勤,而终于佚乐者也。(汉·司马迁《史记·司马相如列传》)

薄饮食,忍嗜欲,节衣服……纤啬筋力,治生之正道也。(汉·司马迁《史记·货殖列传》)

奢未及侈,俭而不陋。(汉·张衡《西京赋》)

人生在勤,不索何获?(汉·张衡《应闲》)

莫不知学问之有益于己,怠戏之无益于事也。(汉·陆贾《新语·资质》)

剑虽利,不厉不断;材虽美,不学不高。(汉·韩婴《韩诗外传》卷三)

官怠于有成,病加于小愈,祸生于懈惰。(汉·韩婴《韩诗外传》卷八)

耳不闻学,行无正义。(汉·韩婴《韩诗外传》卷五)

学而不已,阖棺乃止。(汉·韩婴《韩诗外传》卷八)

卑贱贫穷,非士之耻也。(汉·刘向《说苑·立节》)

嗜欲者逐祸之马也。(汉·刘向《说苑·敬慎》)

少而好学,如日出之阳;壮而好学,如日中之光;老而好学,如炳烛之明。(汉·刘向《说苑·建本》)

祸生于欲得,福生于自禁。(汉·刘向《说苑·说丛》)

上清而无欲,则下正而民朴。(汉·刘向《说苑·说丛》)

能勤小物,故无大患。(汉·刘向《说苑·贵德》)

义士不欺心,廉士不妄取。(汉·刘向《说苑·说丛》)

省事之本,在于节欲。(汉·刘安《淮南子·诠言训》)

谓学不暇者,虽暇亦不能学。(汉·刘安《淮南子·说山训》)

惟不求利者为无害,惟不求福者为无祸。(汉·刘安《淮南子·诠言训》)

患生于多欲,害生于不备。(汉·刘安《淮南子·缪称训》)

多欲亏义,多忧害智,多惧妨勇。(汉·刘安《淮南子·意林》)

江河不能实漏卮。(汉·刘安《淮南子·氾论训》)

积薄为厚,积卑为高,故君子日孳孳以成辉。(汉·刘安《淮南

子·缪称训》)

不贵尺之璧,而重寸之阴。(汉·刘安《淮南子·原道训》)

不以奢为乐,不以廉为悲。(汉·刘安《淮南子·原道训》)

弓待檠,而后能调;剑待砥,而后能利。(汉·刘安《淮南子·修务训》)

跬步不休,跛鳖千里。(汉·刘安《淮南子·说林训》)

省事之本在节欲。(汉·刘安《淮南子·诠言训》)

故为治之本,务在宁民;宁民之本,在于足用;足用之本,在于勿夺时;勿夺时之本,在于省事;省事之本在于节用;节用之本在于反性。(汉·刘安《淮南子·泰族训》)

君人之道,处静以修身,俭约以率下。静则下不扰矣,俭则民不怨矣。(汉·刘安《淮南子·主术训》)

理民之道,在于节用尚本。(汉·桓宽《监论力耕》)

衣食者民之本也,稼穑者民之务也。(汉·桓宽《盐铁论·力耕》)

自古及今,不施而得报,不劳而有功者,未之有也。(汉·桓宽《盐铁论·力耕》)

耕不强者,无以充虚;织不强者,无以掩形。(汉·桓宽《盐铁论·力耕》)

辍者无功,耕怠者无获也。(汉·桓宽《盐铁论·击之》)

土积而成山阜,水积而成江海,行积而成君子。(汉·桓宽《盐铁论·执务》)

春夏耕耘,秋冬收藏,昏晨力作,夜以继日。(汉·桓宽《盐铁论·散不足》)

少壮不努力,老大徒伤悲。(汉乐府古辞《长歌行》)

下篇 名 言

败莫败于多私。(汉·黄石公《素书》)

处逸乐而欲不放,居贫苦而志不倦。(汉·王充《论衡·自纪》)

不览古今,论事不实。(汉·王充《论衡·别通篇》)

人之学问,知能成就,犹骨像玉石,切磋琢磨也。(汉·王充《论衡·量知篇》)

处逸乐而欲不放,居贫苦而志不倦。(汉·王充《论衡·自纪》)

不学自知,不问自晓,古今行事,未之有也。……故智能之士,不学不成,不问不知。(汉·王充《论衡·实知》)

君子之于学也,其不懈,犹上天之动,犹日月之行。(汉·徐干《中论·治学》)

坚冰作于履霜,寻木起于蘖栽。(汉·班固《东京赋》)

一劳而久逸,暂费而永宁者也。(汉·班固《封燕然山铭》)

家有敝帚,享之千金。(汉·班固《东观汉记·光武帝纪》)

青蝇嗜肉汁而忘溺死,众人贪世利而陷罪祸。(汉·班固《难庄论》)

一夫不耕,或受之饥;一女不织,或受之寒。(汉·贾谊《论积贮疏》)

侈而无节,则不可赡。(《汉书·严安传》)

聚少成多,积小致巨。(《汉书·董仲舒传》)

常玉不琢,不成文章;君子不学,不成其德。(《汉书·董仲舒传》)

晨夜屑屑,寒暑勤勤。(《汉书·王莽传》)

君子力学,昼夜不息也。(汉·佚名《太平经·力行博学诀》)

芳饵之下必有悬鱼。(汉·黄石公《三略》)

博学多识,疑则思问。(汉·王符《潜夫论·叙录》)

财色之于人,譬如小儿贪刀刃之饴,甜不足一食之美,然有截舌之患也。(东汉《佛说四十二章经》)

人情得足,苦于放纵。快须臾之欲,忘慎罚之义。(南朝·宋·范晔《后汉书·光武帝纪》)

精诚所加,金石为开。(《后汉书·光武十王列传》)

节用储蓄,以备凶灾。(《后汉书·肃宗孝章帝纪》)

嗜欲之原灭,廉正之心生。(《后汉书·班彪列传》)

身处膏脂,不能以自润。(《后汉书·孔奋列传》)

夫子积学,当日知其所无,以就懿德。(《后汉书·列女传》)

愿竭力以守义兮,虽贫穷而不改。(《后汉书·张衡列传》)

三、三国两晋南北朝名言

老骥伏枥,志在千里;烈士暮年,壮心不已。(三国·魏·曹操《龟虽寿》)

侈恶之大,俭为共德。(三国·魏·曹操《度关山》)

日习则学不忘。(三国·魏·徐幹《中论·治学》)

修身治国之要,莫大于节欲……俭者节欲,奢者放情。放情者危,节欲者安。(三国·魏·桓范《政要论·节欲》)

要莫大于节欲。(三国·魏·桓范《政要论·节欲》)

以约失者鲜矣。(三国·魏·桓范《政要论·节欲》)

读书百遍,其义自见。(《三国志·魏志·钟繇华歆王朗传》)

志在守朴,养素全真。(三国·魏·嵇康《幽愤诗》)

睹农人之耕耘,亮稼穑之艰难。(三国·魏·何晏《景福殿赋》)

下篇 名言

君子之行,静以修身,俭以养德,非淡泊无以明志,非宁静无以致远。(三国·蜀·诸葛亮《诫子书》)

历观古今,以约失之者实寡,以奢失之者盖众。(晋·陆云《国起西园第表启》)

居丰能俭,在富能贫。(《晋书·陆云疏》)

荆山之璞虽美,不琢不成其宝。(《晋书·景帝纪》)

积一勺以成江河,累微尘以崇峻极,匪志匪勤,理无由济也。(《晋书·虞溥传》)

奢侈之费,甚于天灾。(《晋书·傅咸传》)

人性无涯,奢俭由势。(《晋书·范汪传附范宁传》)

性清者荣,性浊者辱。(《晋书·后妃传》)

贪于近者则贵远,溺于利者则伤名。(《晋书·宣帝纪》)

开卷有得,便欣然忘食。(晋·陶渊明《诫子书》)

忘怀得失,以此自终。(晋·陶渊明《五柳先生传》)

不戚戚于贫贱,不汲汲于富贵。(晋·陶渊明《五柳先生传》)

有尽之物,不能给无已之耗;江河之流,不能盈无底之器也。(晋·葛洪《抱朴子·极言》)

学之广在于不倦,不倦在于固志。(晋·葛洪《抱朴子·崇教》)

不惰者,众善之师也。(晋·葛洪《抱朴子·广譬》)

江河之流,不能盈无底之器。(晋·葛洪《抱朴子·极言》)

过载者沉其舟,欲胜者杀其身。(晋·葛洪《抱朴子·微旨》)

立德践言,行全操清,斯则富矣,何必玉帛之崇乎!(晋·葛洪《抱朴子·广譬》)

嵩岱之竣,非一篑之积。(晋·葛洪《抱朴子·博喻》)

上智不贵难得之财。（晋·葛洪《抱朴子·安贫》）

不饱食以终日，不弃功于寸阴。（晋·葛洪《抱朴子·勖学》）

水则不决不流，不积不深。（晋·葛洪《抱朴子·勖学》）

虽跬尺以进，往而不辍，则山泽可越焉。（晋·葛洪《抱朴子·勖学》）

富贵之多罪，不如贫贱之履道。（晋·葛洪《抱朴子》）

蝎盛则木朽，欲胜则身枯。（晋·嵇康《答向子期难养生论》）

性清者荣，性浊者辱。（晋·左芬《啄木诗》）

为官长当清，当慎，当勤，修此三者，何患不治乎？（晋·王隐《晋书》）

盛年不重来，一日难再晨。及时当勉励，岁月不待人。（晋·陶渊明《杂诗》）

贤者能去私欲也。（晋·傅玄《傅子·矫违》）

天下之福，莫大于无欲；天下之祸，莫大于不知足。无欲则无求，无求者所以成其俭也。（晋·傅玄《傅子·曲制篇》）

足不辍行，手不释卷。（晋·潘岳《杨荆州诔》）

居家之方，唯俭与约；立身之道，唯谦与学。（南朝·梁·萧绎《金缕子·立言》）

勤之勤之，至道非弥。（南朝·梁·释慧皎《高僧传·友遁》）

博见为馈贫之粮。（南朝·梁·刘勰《文心雕龙·神思》）

操千曲而知音，观千剑而识器。（南朝·梁·刘勰《文心雕龙·知音》）

将赡才力，务在博见。（南朝·梁·刘勰《文心雕龙·事类》）

然则可俭而不可吝已。俭者，省约为礼之谓也；吝者，穷急不恤之谓也。今有施者奢，俭者吝；如能施而不奢，俭而不吝，可矣。（北

朝·北齐·颜之推《颜氏家训·治家》）

委明珠而乐贱,辞白璧以安贫。（北朝·北齐·颜之推《观我生赋》）

天下事以难而废者十之一；以惰而废者十之九。（北朝·北齐·颜之推《颜氏家训》）

上士忘名,中士立名,下士窃名。（北朝·北齐·颜之推《颜氏家训》）

习闲成懒,习懒成病。（北朝·北齐·颜之推《颜氏家训》）

学者,犹种树也,春玩其花,秋登其实。（北朝·北齐·颜之推《颜氏家训·勉学》）

塞先于未形,禁欲于危微。（北齐·刘昼《新论·防欲》）

身之有欲,树之有蝎。树抱蝎则自凿,身抱欲反自害。（北齐·刘昼《新论·防欲》）

智如禹汤,不如常耕。（北朝·后魏·贾思勰《齐民要术·自序》）

静以养身,俭以养性。（《南史·陆晓慧传》）

静则人不扰,俭则人不烦。（《南史·陆慧晓传》）

好学,手不释卷。（《南史·逸文》）

俭为德之恭,侈为恶之大。（《周书·韦孝宽传》）

志尚夷简,淡于荣利。（《北史·韦夐传》）

清者莅职之本,俭者持身之基。（《周书·郑孝穆列传》）

养蚕不满百,那得罗绣襦？（南北朝民歌《采桑度》）

淡然自守,不汲济于荣利。（北齐·魏收《魏书·刘芳传》）

清正俭素,门无私谒。（北齐·魏收《魏书·彭城王传》）

俭开福源,奢起贫兆。（北齐·魏收《魏书·李彪高道悦列传》）

四、隋唐五代名言

御家以四教：勤、俭、恭、恕。（隋·王通《文中子中说·关朗》）

节乎己者，贪心不生。（隋·王通《文中子中说》）

廉者常乐无求，贪者常虞不足。（隋·王通《文中子中说·王道》）

不勤不俭，无以为人上也。（隋·王通《文中子中说·关朗》）

夫圣世之君，存乎节俭。富贵广大，守之以约……茅茨不剪，采椽不斫，舟车不饰，衣服无文，土阶不崇，大羹不和：非憎荣而行俭。故风淳俗朴，比屋可封，此节俭之德也。（唐·李世民《帝范·崇俭篇》）

居安思危，戒奢以俭。（唐·魏征《谏太宗十思疏》）

廉隅贞洁者，德之令也；流逸奔随者，行之污也。（唐·魏征《群书治要·昌言》）

奢侈者可以为戒，节俭者可以为师。（唐·吴兢《贞观政要·论俭约》）

治国与养病无异也……天下稍安，尤须兢慎，若便骄逸，必至丧败。（唐·吴兢《贞观政要·论政体》）

不勤于始，将悔于终。（唐·吴兢《贞观政要·论尊敬师傅》）

夫珍玩技巧，为丧国之斧斤；珠玉锦绣，实迷心之鸩毒。（唐·吴兢《贞观政要·议征伐》）

每一食，便念稼穑之艰难；每一衣，则思纺绩之辛苦。（唐·吴兢《贞观政要·教诫太子诸王》）

乐不可报，极乐成哀；欲不可纵，纵欲成灾。（唐·吴兢《贞观政

要·论刑法》）

克俭节用，实弘道之源；崇侈恣情，乃败德之本。（唐·吴兢《贞观政要·论规谏太子》）

嗜欲喜怒之情贤愚皆同；贤者能节之，不使过度；愚者纵之，多至失所。（唐·吴兢《贞观政要·论慎终》）

伤其身者不在外物，皆由嗜欲以成其祸。（唐·吴兢《贞观政要》）

与其浊富，宁此清贫。（唐·姚崇《冰壶诫》）

慎则祸之不及，贪则灾之所起。（唐·姚崇《辞金戒》）

贫不忘俭，富不学奢。（唐·马周《请崇节俭及制诸王疏》）

物用俭则易足，易足则力有余，有力则情志臻。（唐·欧阳询等《艺文类聚·性命》）

德，俭而有度。（唐·欧阳询等《艺文类聚·左传》）

身是菩提树，心如明镜台。时时勤拂拭，勿使若尘埃。（唐·神秀《偈》）

读书破万卷，下笔如有神。（唐·杜甫《奉赠韦左丞丈二十二韵》）

富贵必从勤苦得，男儿须读五车书。（唐·杜甫《柏学士茅屋》）

不过行俭德，盗贼本王臣。（唐·杜甫《有感五首》）

虽富巨万，服食粗弊。（唐·玄奘《大唐西域记》）

却到帝乡重富贵，请君莫忘浪淘沙。（唐·白居易《浪淘沙》）

不饮浊泉水，不息曲木阴。所逢苟非义，粪土千万金。（唐·白居易《丘中有一士二首》）

百姓之殃，不在乎鬼神；百姓之福，不在乎天地；在乎君主之躁静奢俭而已。（唐·白居易《白氏长庆集·人之困穷由君之奢欲》）

富贵比于浮云,光阴逾于尺璧。(唐·杨炯《王子安集·原序》)

刺股情方励,偷光思益深。(唐·孟简《惜分阴》)

功夫未至难寻奥。(唐·贾耽《赋虞书歌》)

多求徒心足,未足旋倾覆。(唐·僧子兰《贪戒》)

山积而高,泽积而长。(唐·刘禹锡《唐故监察御史赠尚书右仆射王公神道碑铭》)

洁己是心毫。(唐·刘禹锡《浙西李大夫示述梦四十韵并浙东元相公酬和,斐然继声》)

美人首饰侯王印,尽是沙中浪底来。(唐·刘禹锡《浪淘沙》)

冀无身外忧,自有闲中益。(唐·刘禹锡《游桃源一百韵》)

千淘万漉虽辛苦,吹尽狂沙始见金。(唐·刘禹锡《浪淘沙》)

田家几日闲?(唐·韦应物《观田家》)

一粒红稻饭,几滴牛颔血。(唐·郑遨《伤农》)

时人不识田家苦,将谓田中谷自生。(唐·颜仁郁《农家》)

人家不必论贫富,惟有读书声最佳。(唐·翁承赞《书斋谩兴二首》)

春与人相乖,柳青头转白。(唐·岑参《西蜀旅舍春叹》)

年少不应辞苦节,诸生若遇亦封侯。(唐·王维《送薛居士和州读书》)

奢侈者,危亡之本。(《唐书》)

贫不学俭,富不学奢。(《旧唐书·马周传》)

不栽桃李树,何日得成阴。(唐·王昌龄《驾幸河东》)

古人尽向尘中远,白日耕田夜读书。(唐·赵嘏《送弟》)

夜学晓未休,苦吟鬼神愁。(唐·孟郊《劝学》)

书之在侧,以为我师。(唐·李翱《行己箴》)

下篇 名 言

朝骋骛乎书林兮,夕翱翔乎艺苑。(唐·韩愈《复志赋》)

无望其速成,无诱于势利。(唐·韩愈《答李翊书》)

书山有路勤为径,学海无涯苦作舟。(唐·韩愈《治学联》)

焚膏油以继晷,恒兀兀以穷年。(唐·韩愈《进学解》)

业精于勤,荒于嬉;行成于思,毁于随。(唐·韩愈《韩昌黎集·进学解》)

男儿不再壮,百岁如风狂。(唐·韩愈《昌黎先生集·此日足可惜赠张籍》)

人之能为人,由腹有诗书,诗书勤乃有,不勤腹空虚。(唐·韩愈《韩昌黎全集》卷六《符读书城南》)

风前灯易灭,川上月难留。(唐·刘希夷《故园置酒》)

策马前途须努力,莫学龙钟虚叹息。(唐·李涉《岳阳别张祜》)

光阴难驻迹如客。(唐·许浑《南庭夜坐赠开元禅定二道者》)

黄河清有日,白发黑无缘!(唐·刘采春《罗贡曲》)

荣枯递转急如箭,天公岂肯于公偏?莫道韶华镇长在,发白面皱专相待。(唐·李贺《嘲少年》)

素坚冰蘖心,洁立保贤贞。(唐·刘言史《初下东周赠孟郊》)

学业攻炉冶,炼尽三山铁。(唐·寒山《寒山拾得诗集》)

万卷常暗颂,神妙独难忘。(唐·杜甫《送许十八拾遗归江宁觐省》)

如彼登山,乃勤以求高;如彼临海,乃勤以求远。(唐·马总《意林·典论》)

能读千赋则善赋,能观千剑则晓剑。(唐·马总《意林》卷三)

玉不琢,则南山之圆石。(唐·马总《意林·正部》)

少而好学者,如日出之阳;壮而好学者;如日中之光;老而好学

者,如炳烛之明。(唐·马总《意林·说苑》)

大木百寻,根深积也;沧海万仞,众流成也;渊智达洞,累学功也。(唐·马总《意林·唐子》)

劝君莫惜金缕衣,劝君须惜少年时。(唐·无名氏《杂诗》)

一寸光阴一寸金。(唐·王贞白《白鹿洞二首》)

春种一粒粟,秋成万颗子。(唐·李绅《古风二首》)

锄禾日当午,汗滴禾下土。谁知盘中餐,粒粒皆辛苦。(唐·李绅《悯农》)

不节,则虽盈必竭;能节,则虽虚必盈。(唐·陆贽《均节赋税恤百姓六条》)

清扬似玉须勤学。(唐·刘商《送刘南史往杭州拜觐别驾叔》)

人间万事凭双手。(唐·牛殳《琵琶行》)

昼短夜长须强学,学成贫亦胜他贫。(唐·杜荀鹤《喜从弟雪中远至有作》)

少年辛苦终身事,莫向光阴惰寸功。(唐·杜荀鹤《题弟侄书堂》)

百川赴海返潮易,一叶抱秋归树难。(唐·鲍溶《始见二毛》)

清扬似玉须勤学。(唐·刘商《送刘南史往杭州拜觐别驾叔》)

举世人生何所依,不求自己更求谁。绝嗜欲,断贪痴,莫把神明暗里欺。(唐·吕岩《方契理》)

媒衒士所耻,慈俭道所尊。(唐·司空图《自诫》)

请问贪婪一点心,臭腐填腹几多足?(唐·韦楚老《江上蚊子》)

历览前贤国与家,成由勤俭败由奢。(唐·李商隐《咏史》)

奢者狼藉俭者安,一凶一吉在眼前。(唐·白居易《草茫茫》)

劝君少干名,名是锢身锁。劝君少求利,利是焚身火。(唐·白

居易《闲坐看书示少年》)

救烦无若静,补拙莫如勤。(唐·白居易《自到郡斋题二十四韵》)

天育物有时,地生财有限,而人之欲无极。以有时有限奉无极之欲,而法不制其间,则必物暴殄而财乏用矣。(唐·白居易《白居易集·策林二》)

饥不啄腐鼠,渴不饮盗泉。(唐·白居易《感鹤》)

勿慕贵与富,勿忧贱与贫。(唐·白居易《续座右铭》)

自静其心延寿命,无求于物长精神。(唐·白居易《不出门》)

有田不耕仓廪虚,有书不读子孙愚。(唐·白居易《劝学文》)

纵欲不戒,匪愚伊耄。(唐·柳宗元《敌戒》)

嘉谷不夏熟,大器当晚成。(唐·欧阳詹《徐十八晦落第》)

浮名浮利过于酒,醉得人心死不醒。(唐·杜光庭《伤时》)

有发兮朝朝思理,有身兮胡不如是?(唐·卢仝《梳铭》)

三更灯火五更鸡,正是男儿立志时。黑发不知勤学早,白首方悔读书迟。(唐·颜真卿《劝学》)

莫言大道人难得,自是功夫不到头。(唐·吕岩《绝句》)

功夫未至难寻奥。(唐·贾耽《赋虞书歌》)

夫地力之生物有大数,人力之成物有大限,取之有度,用之有节,则常足;取之无度,用之无节,则常不足。生物之丰败由天,用物之多少由人。是以圣王立程,量入为出,虽遇灾难,下无困穷。理化既衰,则乃反是,量出为入,不恤所无。……是乃用之盈虚,在节与不节尔,不节则虽盈必竭,能节则虽虚必盈。(唐·陆贽《均节赋税恤百姓六条》)

夫财之所生必因人力,工而能勤则丰富,拙而兼惰则篓空。

(唐·陆贽《均节赋税恤百姓六条》)

伤风害理,莫甚于私。暴物残人,莫大于贿。(唐·陆贽《谢密旨因论所宣事状》)

天下之物有限,富室之积无涯。食一人而费百人之资,则百人之食不得不乏;富一家而倾千家之产,则千家之业不得不空。(唐·陆贽《均节赋税恤百姓六条》)

俭于听,可以养虚;俭于视,可以养身;俭于言,可以养气。(五代·南唐·谭峭《谭子化书》)

一人知俭一家富,王者知俭则天下富。(五代·南唐·谭峭《谭子化书》)

恶木之阴匪阴,盗泉之水匪水。(五代·贯休《续姚梁公座右铭·并序》)

五、宋元名言

凡言节用,非偶节一事,便能有济。当每事以节俭为意,则积久累日,国用自饶。(《宋史·王岩叟传》)

忧劳可以兴国,逸豫可以亡身。(宋·欧阳修《新五代史·伶官传序》)

君子之为学也,其可一日而息乎?(宋·欧阳修《杂说》)

一日之用,节之必量其出入。(宋·欧阳修《原弊》)

惟有吟哦殊不倦,始知文字乐无穷。(宋·欧阳修《戏答圣俞持烛之句》)

下篇 名言

德以俭而为本。(宋·欧阳修《斲雕以为朴赋》)

乃知读书勤,其乐固无限。(宋·欧阳修《读书》)

惟有吟哦殊不倦,始知文字乐无穷。(宋·欧阳修《戏答圣俞持烛句》)

曾在蚕宫亲织就,方知缕缕尽辛勤。(宋·欧阳修《呈皇后阁春贴子》)

小人所好者禄利也,所贪者财货也。(宋·欧阳修《朋党论》)

春色无情容易去。(宋·欧阳修《玉楼春》)

强学博览,足以通古今。(宋·欧阳修《赐翰林学士吴奎乞知青州不允诏》)

虽有忧勤之心,而不知致治之要,则心愈劳而事愈乖;虽有纳谏之明,而无力行之果断,则言愈多而听愈惑。(宋·欧阳修《准诏言事上书》)

勉之期不止,多获由于耘。(宋·欧阳修《送唐生》)

衣不求华,食不厌蔬。(宋·王安石《长安县太君墓表》)

君子制俗以俭,其弊为奢,奢而不制,弊将若之何?(宋·王安石《风俗》)

君子之道,始于自强不息。(宋·王安石《易家论解》)

霸祖孤身取二江,子孙多以百城降。豪华尽出成功后,逸乐安知与祸双?(宋·王安石《金陵怀古》)

夫俭则寡欲,君子寡欲,则不役于物,可以直道而行;小人寡欲,则能谨身节用,远罪丰家,故曰"俭,德之共也"。侈则多欲,君子多欲,则贪慕富贵,枉道速祸;小人多欲,则多求妄用,丧身败家,是以居官必贿,居乡必盗,故曰"侈,恶之大也"。(宋·司马光《训俭示康》)

由俭入奢易,由奢入俭难。(宋·司马光《训俭示康》)

仁以厚下,俭以足用。(宋·司马光《资治通鉴》卷八九)

以俭立名,以侈自败。(宋·司马光《训俭示康》)

有德者皆由俭来也。(宋·司马光《训俭示康》)

多求不如省费。(宋·司马光《言招军札子》)

生之有时而用之亡度,则物力必屈。(宋·司马光《资治通鉴》卷十三)

众人皆以奢靡为荣,吾心独以俭素为荣。(宋·司马光《训俭示康》)

仁以厚下,俭以足用。(宋·司马光《资治通鉴》卷八九)

俭约,所以彰其美也。(宋·司马光《资治通鉴·梁纪》)

侈不可极,奢不可穷;极则有祸,穷则有凶。(宋·邵雍《奢侈吟》)

无早晚,但恐始勤终惰。(宋·张孝祥《勉过子读书》)

节用养廉。(宋·陈襄《州县提纲》卷一)

勤劳乃逸乐之基也。(宋·陈敷《农书·卷上》)

好逸恶劳者,常人之情,愉惰苟简者,小人之病。(宋·陈敷《农书·卷上》)

粗茶淡饭终残年。(宋·杨万里《得小儿寿俊家书》)

读书唯在记牢,则日见进益。(宋·陈善《扪虱新话》)

力学如刀耕,勤惰尔自知。但使书种多,会有岁稔时。(宋·刘过《书院》)

俭则常足,常足则乐而得美名,祸咎远矣;侈则常不足,常不足则忧而得訾恶,福亦远矣。(宋·田况《儒林公议》)

真西山论菜云:"百姓不可一日有此色,士大夫不可一日不知此味。"余谓百姓之有此色,正缘士大夫不知此味。若自一命以上至于

公卿,皆是咬得菜根之人,则当必知其职分之所在矣,百姓何愁无饭吃。(宋·罗大经《鹤林玉露》卷二)

世间一切声色嗜好洗得净,一切荣辱得失看得破,然后快活意思,方自此生。(宋·罗大经《鹤林玉露》卷二)

绳锯木断,水滴石穿。(宋·罗大经《鹤林玉露》卷十)

学道至于乐,方能真有所得。(宋·罗大经《鹤林玉露》卷二)

心无愧怍,则无入而不自得;心无贪恋,则无妄而不自安。(宋·罗大经《鹤林玉露》卷十四)

孤村到晓犹灯火,知有人家夜读书。(宋·晁冲之《晓行》)

人生要当学,安宴不彻警。(宋·黄庭坚《送李德素归舒城》)

利欲熏心,随人翕张。(宋·黄庭坚《赠别李次翁》)

持勤补拙,与巧者俦。(宋·黄庭坚《跛溪移文》)

人生要当学,安晏不彻警。古来惟深地,相持汲修绠。(宋·黄庭坚《送李德素归舒城》)

学问勤中得,萤窗万卷书。三冬今足用,谁笑腹空虚。(宋·汪洙《神童诗》)

当官之法惟有三事,曰清、曰慎、曰勤。知此三者,则知所以持身矣。知此三者,可以保禄位,可以远耻辱,可以得上之知,可以得下之援。(宋·吕本中《童蒙训》)

无欲则静,静则明。(宋·周敦颐《通书》)

予独爱莲之出淤泥而不染。(宋·周敦颐《爱莲说》)

克勤克俭,无怠无荒。(宋·郭茂倩《乐府诗集·梁太庙乐舞辞》)

宁可清贫自乐,不作浊富多忧。(宋·释道元《景德传灯录》)

粗茶淡饭饱即休,补破遮寒暖即休,三平二满过即休,不贪不妒老即休。(宋·孙君仿《呻吟语选·礼制》)

莅官以勤,持身以廉,事上以敬,接物以谦,待人以恕,责己以严,得众以宽,养知以恬,戒谨以独,询谋以佥,箴规语汝,夙夜式瞻。(宋·无名氏《爱日斋丛书》)

清泉绝无一尘染,长松自是拔俗姿。(宋·苏舜钦《无锡惠山寺》)

绝嗜,逐欲,所以除累。(宋·张商英《素书》)

苦莫苦于多愿。(宋·张商英《素书》)

士能寡欲,安于清澹,不为富贵所淫,则其视外物也轻,自然进退不失其正。(宋·何坦《西畴老人常言》)

功之成,非成于成之日,盖必有所由起;祸之作,不作于作之日,亦必有所由兆。(宋·苏洵《管仲论》)

夫功之成也,非成于成之日,必有所由也。(宋·苏洵《管仲论》)

富国由崇俭。(宋·苏轼《效祀庆成》)

嘉谋定国垂青史,盛事传家有素风。(宋·苏轼《题永叔会老堂》)

人生难处是安稳。(宋·苏轼《骊山》)

天地之间,物各有主,苟非吾之所有,虽一毫而莫取。(宋·苏轼《前赤壁赋》)

别来十年学不厌,读破万卷诗愈美。(宋·苏轼《送任伋通判黄州兼寄其兄孜》)

博观而约取,厚积而薄发。(宋·苏轼《杂说》)

退笔如山未足珍,读书万卷始通神。(宋·苏轼《柳氏二外甥求笔迹》)

旧书不厌百回读,熟读深思子自知。(宋·苏轼《送安惇秀才失

解西归》)

物必先腐,而后虫生。(宋·苏轼《范增论》)

清心而寡欲,人之寿矣。(宋·崔敦礼《刍言》)

拙者能勉,与巧者同功也。(宋·崔敦礼《刍言》)

多忿害物,多欲害己,多逸害性,多忧害志。(宋·崔敦礼《刍言》)

贫贱忧戚,庸玉汝于成也。(宋·张载《西铭》)

为政之要,曰公与清。成家之道,曰俭与勤。(宋·林逋《省心录》)

上节下俭者财用足,本重末轻者天下平。(宋·林逋《省心录》)

为政之要,曰公与清。成家之道,曰俭与勤。(宋·林逋《省心录》)

多欲则伤生。(宋·林逋《省心录》)

功名官爵,货财声色,皆谓之欲,俱可以杀身。(宋·林逋《省心录》)

攫金于市者,欲心胜,而不知有羞恶。(宋·林逋《省心录》)

知足者贫贱亦乐,不知足者富贵亦忧。(宋·林逋《省心录》)

少不勤苦,老必艰辛;少能服劳,老必安逸。(宋·林逋《省心录》)

声色者,败德之具。(宋·林逋《省心录》)

知足而不贪,知节而不淫。(宋·林逋《省心录》)

保生者寡欲,保身者避名,无欲易,无名难。(宋·林逋《省心录》)

饱肥甘,衣轻暖,不知节者损福,广积聚,骄富贵,不知止者杀身。(宋·林逋《省心录》)

百味甘香,一身清净,吾生可保长无病。八珍五鼎不须贪,荤膻浊乱人情性。(宋·张抡《踏莎行·山居十首》)

夫忧勤天下者,圣人之心也;安乐一身者,匹夫之情也。心忧乎天下,则骄奢淫佚、邪乱非僻之志无自入也。(宋·石介《忧勤非损寿论》)

败莫败于多私。(宋·张商英《素书》)

力学勿忘家世俭,堆金能使子孙愚。(宋·刘克庄《贫居自警三首》)

光景千留不住。(宋·晏殊《清平乐》)

天下无难事,在乎人为之。不为易亦难,为之难亦易。吾非千里马,然有千里志。旦旦而为之,终亦成骐骥。(宋·佚名《有志》)

人一己百,虽柔必强。(宋·何坦《西畴老人常言》)

将勤补拙。(宋·晁补之《鸡肋集》)

学向勤中得。(宋·汪洙《神童诗》)

一饮一啄,系之于分。(宋·李昉等《太平广记·贫妇》)

廉仁公勤四者,及为政之本领。(宋·真德秀《西山政训》)

君子莫大于学,莫害于画,莫病于自足,莫罪于自弃。(宋·晁说之《晁氏客语》)

君子之学必日新,日新者,日进也;不日新者,必日退。(宋·晁说之《晁氏客语》)

节俭胜求人。(宋·龚明之《中吴纪闻》)

赴汤火,蹈白刃,武夫之勇可能也;克己自胜,非君子之大勇,不可能也。(宋·杨时《二程粹言·论学篇》)

妄得之福,灾亦随焉;妄得之得,失亦继焉。(宋·杨时《二程粹言·论学篇》)

下篇名言

恭则众归焉,俭则财阜焉。(宋·李觏《李觏集·易论》)

头悬梁,锥刺股,彼不教,自勤苦。如囊萤,如映雪,家虽贫,学不辍。如负薪,如挂角,身虽劳,犹苦卓。(宋·王应麟《三字经》)

苏老泉,二十七,始发愤,读书籍,彼既老,犹悔迟,尔小生,宜早思。

若梁灏,八十二,对大廷,魁多士,彼既成,众称异,尔小生,宜立志。

莹八岁,能咏诗,泌七岁,能赋棋,彼颖悟,人称奇,尔幼学,当效之。

唐刘晏,方七岁,举神童,作正字,彼虽幼,身已仕,尔幼学,勉而致。(宋·王应麟《三字经》)

勤有功,戏无益,戒之哉,宜勉力。(宋·王应麟《三字经》)

克勤克俭,无怠无荒。(宋·郭茂倩《乐府诗·集梁大庙乐舞辞》)

富贵不淫贫贱乐,男儿到此是豪雄。(宋·程颢《秋日偶成》)

利者,众之所同欲也,专欲利己,其害大矣;贪之甚,则昏蔽而忘理义,求之极,则争夺而致怨。(宋·程颢《二程集·粹言》)

文过则奢,实过则俭。奢自文至,俭自实生,形影之类也。(《程氏粹言·论道篇》)

有欲则不刚,刚者不屈于欲。(宋·杨时《二程粹言·论学篇》)

夫俭者,守家第一法也。(宋·叶梦得《石林治生家训要略》)

每日起早,凡生理所当为者,须及时为之。如机之发,鹰之搏,顷刻不可迟也。(宋·叶梦得《石林治生家训要略》)

凡在仕途,以廉勤为本。(宋·赵鼎《戒子通录》)

古今遗法,子弟固有成书,其详不可概举,唯是节俭一事,最为美

行。(宋·赵鼎《家训笔录》)

俭者,君子之德。世俗以俭为鄙,非远识也。俭则足用,俭则寡求,俭则可以成家,俭则可以立身,俭则可以传子孙。奢则用不给,奢则贪求,奢则掩身,奢则破家,奢则不可以训子孙。(宋·倪思《经鉏堂杂志》)

随资产之多寡,制用度之丰俭。合用万钱者,用万钱不谓之侈;合用百钱者,用百钱不谓之吝。(宋·陆九韶《居家正本制用篇》)

天下之事,常成于困约而败于奢靡。(宋·陆游《放翁家训》)

万卷古今消永日,一窗昏晓送流年。(宋·陆游《联句》)

老生读书百绝编,日晏忘食夜废眠。(宋·陆游《寓叹》)

人生百病有已时,独有书癖不可医。(宋·陆游《示儿》)

饱以五车读,劳以万里行。(宋·陆游《感兴》)

缩衣节食勤耕桑。(宋·陆游《秋获歌》)

衣冠简朴古风存。(宋·陆游《游西山村》)

古人学问无遗力,少壮功夫老始成。(宋·陆游《冬夜读书示子聿》)

人生粗足耳,衣食不须宽。(宋·陆游《示子聿》)

饥寒虽未免,何足系吾怀。(宋·陆游《北斋书志示儿辈》)

藜羹麦饭冷不尝,要足平生五车读。(宋·陆游《读书》)

韦编屡绝铁砚穿,口诵手抄那计年?(宋·陆游《剑南诗稿·寒夜读书》)

炼有多少,器有精细。(宋·陈亮《龙川集·与朱元晦秘书》)

至于用力之久,而一旦豁然贯通矣。(宋·朱熹《四书集注·大学章句》)

读书之乐何处寻,数点梅花天地心。(宋·朱熹《四时读书乐》)

下篇 名 言

侈用则伤财,伤财必至于害民,故爱民必先于节用。(宋·朱熹《论语集注》卷一)

看文字,须是如猛将用兵,直是鏖战一阵;如酷吏治狱,直是扒勘到底,决是不恕他方得。(宋·朱熹《朱子语录》卷十)

为学正如撑上水船,一篙不可放缓。(宋·朱熹《朱子语录》)

学便是读,读了又思,思了又读,自然有意。(宋·朱熹《学规类编》)

读书之乐何处寻,数点梅花天地心。(宋·朱熹《四时读书乐》)

半亩方塘一鉴开,天光云影共徘徊。问渠那得清如许,为有源头活水来。(宋·朱熹《观书有感》)

君子之于学,惟日孜孜,毙而后已,惟恐慌其不及也。(宋·朱熹《四书集论·论语·公冶长》)

勿谓今日不学而有来日,勿谓今年不学而有来年。(宋·朱熹《劝学文》)

读书之法,先要熟读,须是正看背看,左看右看。看得是了,未可便说道是,更须反复玩味。(宋·朱熹《朱子语录》)

书不记,熟读可记;义不精,细思可精。(宋·朱熹《又谕学者》)

须要熟看熟思,久久之间,自然见个道理,四停八当。(宋·朱熹《朱子语类》卷十一)

有欲则无刚。(宋·朱熹、吕祖谦编《近思录·警戒》)

人不学便老而衰。(宋·朱熹、吕祖谦编《近思录·为学》)

人欲胜,天理灭。(宋·朱熹《朱子语类》卷十三)

大抵为学,虽有聪明之资,必须做迟钝工夫始得。(宋·朱熹《朱子语类》卷二一)

大凡读书,须是熟读,熟读了自精熟,精熟理自见得。(宋·朱熹

《读书法》

少年易学老难成,一寸光阴不可轻。(宋·朱熹《偶成诗》)

外物之味,久则可厌;读书之味,愈久愈深。(宋·朱熹《二程语录》)

时时温习,觉滋味深长,自有新得。(宋·朱熹《朱子语类》卷二十四)

为学正如撑上船,一篙不可放缓。(宋·朱熹《朱子语录》)

克己之私,则心虚见理矣。(宋·朱熹《上蔡先生语录》卷下)

惟俭可以助廉,惟恕可以成德。(宋·朱熹《宋名臣言行录》)

圣人发愤便忘食,乐便忘忧。(宋·朱熹《朱子语类·论语》)

学道,乃是天下第一至大至难之事。(宋·朱熹《沧州精舍谕学者》)

君子之学,不为则已,为则必要其成,故常百倍其功。(宋·朱熹《四书集注·中庸章句》)

勤与俭,治生之道也,不勤则寡入,不俭则妄费。(宋·朱熹《训俗遗规》卷三)

莫等闲,白了少年头,空悲切。(宋·岳飞《满江红·写怀》)

学必习,习必熟,熟必久。(宋·胡宏《胡子知言·义理》)

勤于道义,则刚健而日新;勤于利欲,则放肆而日怠。(宋·胡宏《知言·义理》)

君要花满县,桃里趁时栽。(宋·辛弃疾《水调歌头·和赵景明知县韵》)

众里寻他千百度,蓦然回首,那人却在灯火阑珊处。(宋·辛弃疾《青玉案·元夕》)

古人重孜孜,殖学乃菑畬。(宋·文天祥《题钟圣举积学斋二

下篇 名 言

首》)

十载寒窗积雪余,读得人间万卷书。(元·石子章《竹坞听琴》)

士之于学,犹农于田,耕而又耘,其业乃专,……始之不耘,终何以获。(元·戴良《耕业斋铭》)

笨鸟先飞早入林。(元·关汉卿《陈母教子》)

花有重开日,人无再少年。(元·关汉卿《窦娥冤·楔子》)

坐吃山空,立吃地陷。(元·秦简夫《东堂老》)

人读书不至千遍,终于已无益。(《元史·侯均传》)

非俭无以养廉,廉以养德。(《元史·乌古孙泽传》)

人心不足蛇吞象,世事到头螳捕蝉。(元·无名氏《崔府君断冤家债主·楔子》)

造物之心,以贫试士;贫而能安,斯为君子。(元·许名奎《劝忍百箴·贫之忍》)

以俭治身,则无忧;以俭治家,则无求。(元·许名奎《劝忍百箴》)

达人远见,不与物争。(元·许名奎《劝忍百箴》)

宁公而贫,不私而富。(元·张养浩《牧民忠告》)

壮九重于内,所居不过容膝。(元·曾先之《十八史略》)

十年窗下无人问,一举成名天下知。(元·刘祁《归潜志》)

投至得云路鹏程九万里,先受了雪窗萤火二十年。(元·王实甫《西厢记》)

人贪酒色,如双斧伐孤树,有不仆者?(元·阿沙不花《谏元武宗》)

看书如服药,药多力自行。(元·陈秀明《东坡文谈录》)

任他桃李争欢赏,不为繁华易素心。(元·冯子振《西湖梅》)

光阴似箭催人老,日月如梭趱少年。(元·高明《琵琶记·中相教女》)

六、明清名言

自古王者之兴,未有不由于勤俭。其败亡,未有不由于奢侈。(《明太祖宝训》)

小用不节,大费必至。开奢泰之原,启华靡之渐,未必不由于小而至大也。(《明太祖宝训》)

处心清净则无欲,无欲则无奢纵之患。欲心一生,则骄奢淫佚无所不至,不旋踵而败亡随之矣。(《明太祖宝训》)

声色之害,甚于鸩毒。(朱元璋语,引自明《通鉴》卷五)

惟俭养德,惟侈荡心。居上能俭,可以导俗;居上而侈,必至厉民。(朱元璋语,引自明《通鉴》卷六)

金玉非宝,惟俭是宝。(朱元璋语,引自《明史·太祖本纪》)

勤为无价之宝,慎是护身之符。(《明心宝鉴·顺命》)

德以服人,宜莫如勤……勤则不懈,不懈则身修、家齐、国治而天下平。(朱棣《圣学心法》)

节俭朴素,人之美德;奢侈华丽,人之大恶。(明·薛瑄《薛文清公读书录·警戒》)

荡涤胸中,无一毫之私累,可以言大矣。(明·薛瑄《薛文清公读书录·存养》)

心地干净,自然宽平。(明·薛瑄《薛文清公读书录·体验》)

下篇 名 言

一念之欲不能制,而祸流于滔天。(明·薛瑄《薛文清公读书录·警戒》)

轻与必滥取,易信必易疑。(明·薛瑄《薛文清公读书录·从政》)

正以处心,廉以律己。(明·薛瑄《薛文清公从政录》)

俭约不贪,则可延寿;奢侈过求,受尽则终。(明·陆容等撰《饮食绅言》)

读书全要精勤,懒惰游戏作辍,必无有成之理。(明·朱舜水《朱舜水集·论五十川刚伯规》)

苟下学之功,日进不息,久则可以上达也。(明·李九功《慎思录》)

以道窒欲,则心自清。(明·陈继儒《小窗幽记》)

一寸光阴一寸金,寸金难买寸光阴。(明·佚名《增广贤文》)

宁可正而不足,不可邪而有余。(明·佚名《增广贤文》)

良田成顷,日食一升,大厦千间,夜眠八尺。(明·佚名《增广贤文》)

光阴似箭,日月如梭。(明·佚名《增广贤文》)

一年之计在于春,一日之计在于寅,一家之计在于和,一生之计在于勤。(明·佚名《增广贤文》)

黑发不知勤学早,转眼便是白头翁。(明·佚名《增广贤文》)

疏懒人没吃,勤俭粮满仓。(明·佚名《增广贤文》)

勤,懿行也,君子敏于德义,世人则借勤以济其贪;俭,美德也,君子节于货财,世人则假俭以饰其吝。(明·佚名《增广贤文》)

人生百年几今日,今日不为真可惜。(明·文嘉《今日》)

一日不书,百事荒芜。(明·李诩《戒庵老人漫笔·古人引用谚

语》）

横戈支戟，犹能手不释卷。（明·李贽《焚书·读书乐》）

奢者富不足，俭者贫有余；奢者心常贫，俭者心常富。（明·无名氏《至游子·五化篇》）

奢者富不足，何如俭者贫有余。（明·洪应明《菜根谭》）

宁谢纷华而甘淡泊，遗个清名而在乾坤。（明·洪应明《菜根谭》）

志由淡泊而高，节从甘辛而丧也。（明·洪应明《菜根谭·概论》）

淡泊之守须从浓艳场中试来，镇定之操还向纷纭境上勘过。（明·洪应明《菜根谭·应酬》）

攻夫自难处做去，学问从苦中得来。（明·洪应明《菜根谭·修省》）

宠利毋居人前，德业毋落人后。（明·洪应明《菜根谭·前集十六》）

轻诺惹祸，倦怠无成。（明·洪应明《菜根谭》）

居家有二语，曰：惟恕则平情；惟俭则足用。（明·洪应明《菜根谭》）

俭，美德也，过则为悭吝，为鄙啬，反伤雅道。（明·洪应明《菜根谭》）

家有千金，不如日进分文。（明·洪楩编《清平山堂话本·风月瑞仙亭》）

由俭入奢易，由奢入俭难。饮食衣服，若思得之艰难，不敢轻易废用。酒肉一餐，可办粗饭几日；纱绢一匹，可办粗衣几件，不馋不寒足矣，何必图好吃好着？常将有日思无日，莫待无时思有时，则子子

孙孙常享温饱矣。(明·周怡《勉谕儿辈》)

丧乱之源,由于骄侈。(《明史·陶安列传》)

居高位者易骄,处佚乐者易侈。(《明史·陶安列传》)

骄纵生于奢侈,危亡起于细微。(《明史·后妃列传》)

惟廉者能约己而爱人。(《明史·循吏传》)

清慎勤,居官三字符也。(《明史·梁寅传》)

凡人之学,不日进者必日退。(明·王守仁《与陈国英》)

椎鲁朴钝,非学者之患也;聪明绝异,学者之深患也。(明·归有光《震川先生集·别集·六言六蔽》)

细看万事乾坤内,只有懒字最为害。(明·陈献章《戒懒文示诸生》)

功到自然成。(明·吴承恩《西游记》第三十六回)

人常咬得菜根,则百事可做。(明·姚舜牧《药言》)

勤惰俭奢,是成败关。(明·吕坤《呻吟语·修身》)

贫不足羞,可羞是贫而无志。(明·吕坤《呻吟语·力行》)

懒散二字,立身之贼也。千德万业,日怠废而无成;千罪万恶,日横恣而无制,皆此二字为之。(明·吕坤《呻吟语·主静》)

待人要丰,自奉要约。(明·吕坤《续小儿语·四言》)

吾人终日最不可悠悠荡荡作空躯壳。(明·吕坤《呻吟语·修身》)

防欲如挽逆水之舟,才歇力,便下流。(明·吕坤《呻吟语·存心》)

身贫志不贫。(明·周履靖《野人清啸》卷上)

劳则善心生,养德修身咸在焉。逸则妄念生,丧德丧身咸在焉。(明·史桂芳《史惺堂集》)

春时耕种夏时耘,粒粒颗颗费力勤;春去细糠如剖玉,炊成香饭似堆银。(明·冯梦龙《警世通言·钝秀才一朝泰》)

富贵本无根,尽从勤里得。(明·冯梦龙《醒世恒言·徐老仆义愤成家》)

春时耕种夏时耘,粒粒颗颗费力勤。春去细糠如割玉,炊成香饭似堆银。(明·冯梦龙《警世通言·钝秀才一朝文泰》)

常将有日思无日,莫待无时思有时。(明·冯梦龙《警世通言·桂员外途穷忏悔》)

惜衣有衣,惜食有食。(明·冯梦龙《警世通言·王安石三难苏学士》)

治家以勤俭为本。(明·冯梦龙《古今小说·杨八老越国奇逢》)

一饱之需,何必八珍九鼎?七尺之躯,安用千门万户?(明·冯梦龙《笑史》)

公以生其明,俭以养其廉,是诚为邑之要道,处世临民之龟镜也。(明·海瑞《令箴》)

一节省而国有余用,民有余藏,不知其几也。(明·海瑞《治安疏》)

非读书不能作文,非熟读不能作文。(明·朱之瑜《答东安约问》)

功名富贵傥来物,目前渺渺春云浮。(明·于谦《静夜思》)

清风两袖朝天去,免得闾阎话短长。(明·于谦《入京》)

书卷多情似故人,晨昏忧乐每相亲。眼前直下三千字,胸次全无一点尘。(明·于谦《观书》)

居官者廉不言贫,勤不言劳,爱民不言惠,锄强不言威,事上尽礼

不言屈己,钦贤下士不言忘势。(明·钱琦《钱公良测语·治本》)

嗜欲之人,语之富贵利达则悦,语之贫贱忧戚则拂衣而去。(明·钱琦《钱公良测语·规世》)

贪欲者,众恶之本;寡欲者,众善之基。(明·王廷相《慎言·见闻篇》)

宁可忍饥而死,不可苟利而生。(明·焦宏《玉堂丛语》卷五)

天地生财,自有定数,取之有制,用之有节则裕,取之无制,用之无节则乏。(明·张居正《论时政疏》)

家有余粮鸡犬饱,户多书籍子孙贤。(明·施耐庵《水浒传》第二回)

大志非才不就,大才非学不成。(明·郑心材《郑敬中摘语》)

与其贪饕以招辱,不若俭而守廉。(明·刘无卿《贤奕编·廉谈》)

勤以治生。世间事,未有不由于怠惰而废也,及时而为之,则事事不在下陈矣。(明·宋诩《宋氏家要部》)

若要功夫深,铁杵磨成针。(明·曹学《蜀中广记·上川南道彭山县》)

惟淡可以从俭,惟俭可以养廉。(明·周顺昌《第后柬德升诸兄面》)

斗酒纵观廿一史,炉香静对十三经。(明·史可法《联句》)

酒宜节饮,忿宜速惩,欲宜力制。(明·郑成功《史典·愿体集》)

食可饱而不必珍,衣可暖而不必华,居可安而不必丽。(明·郑成功《史典·愿体集》)

人以品为重,若存一点卑污黩货之心,便非顶天立地汉。(明·

郑成功《史典·愿体集》)

　　人之为学,不日进则日退。(明·顾炎武《日知录》)

　　人臣之欺君误国,必自其贪于货赂也。(明·顾炎武《日知录》)

　　君子之学,死而后已。(明·顾炎武《与人书》)

　　水之不舍,通乎昼夜,圣人之不已,贵乎古今。(明·徐光启《徐光启集·赤子之心与圣人之心若何解》)

　　欲求真受用,须下死功夫。(明·陆世仪《思辨录辑要·格致类》)

　　俭者,节其耳目口体之欲,节己而不节人。勤者,不使此心昏昧偷安于近小,心专而志致。慎者,畏其身入于非道,以守死持之而不为祸福利害所乱。能俭、能勤、能慎,可以为豪杰矣。(明·王夫之《俟解》)

　　少欲觉身轻。(明·黄宗羲《明儒学案》)

　　自古圣贤,盛德大业,未有不由学而成者也。(明·黄宗羲《明儒学案》)

　　居身务期俭朴,训子要有义方。(清·朱柏庐《治家格言》)

　　一粥一饭,当思来处不易;半丝半缕,恒念物力维艰。(清·朱柏庐《治家格言》)

　　家门和顺虽粗粝不继,亦有余欢;国课早完即囊空无余,自得至乐。(清·朱柏庐《治家格言》)

　　黎明即起,洒扫庭除,要内外整洁。(清·朱柏庐《治家格言》)

　　宁吃少来苦,不受老来贫。(清·朱柏庐《治家格言》)

　　自奉必须俭约,宴客切勿留连。(清·朱柏庐《治家格言》)

　　世家不勤不俭者,验于内眷而毕露。(清·朱柏庐《治家格言》)

勿贪意外之财,勿饮过量之酒。(清·朱柏庐《治家格言》)

贫莫愁兮富莫夸,哪有贫长富久家?(清·朱柏庐《治家格言》)

居家四败:妇女奢淫者败、子弟骄怠者败、兄弟不和者败、侮师慢客者败。(清·朱柏庐《治家格言》)

平人以劳为福,以逸为祸也。(清·康熙《庭训格言》)

节饮食,慎起居,实为却病之良方也。(清·康熙《庭训格言》)

为官者俭,则可以养廉。(清·康熙《庭训格言》)

世之财物,天地所生,以养人者有限,人若节用,自可有余;奢用则顷刻尽耳,何处得增益耶?(清·康熙《庭训格言》)

民生本务在勤,勤则不匮。(清·康熙《庭训格言》)

人生衣食财禄皆有定数,若俭约不贪,则可以养福,亦可以致寿。(清·康熙《庭训格言》)

凡家有田畴足以赡给者,亦当量入为出,然后用度有准,丰俭得中,安分养福,子孙常守。(清·康熙《庭训格言》)

农夫不勤则无食;桑妇不勤则无衣;士大夫不勤则无以保家。(《清仁宗味余书室全集·民生在勤论》)

学问之始,未能记诵;博涉既深,将趋记诵;故记诵者,学问之舟车也。(清·章学诚《文史通义·辨似》)

勤俭一源,总在无欲,无欲自不敢废当行之事,自无外礼之费,不期勤俭而勤俭矣。(清·孙奇逢《孝友堂家训》)

俭有四益:人之贪淫,未有不生于奢侈者,俭则不至于贪,何从而淫,是俭可以养德,一益也。人之福禄,只有此数,暴殄糜费,必至短促,搏节爱养,自能长久,是俭可以养寿,二益也。醉浓饱鲜,昏人神志,菜羹蔬会,肠胃清虚,是俭可以养神,三益也。奢者妄取苟存,志气卑辱,一从俭约,则于人无求,于己无愧,是俭可以养气,四益也。

（清·高拱京《高氏塾铎》）

治生莫若节用，养生莫若寡欲。（清·冯曦晴《颐养诠要》卷一）

英雄败于摧折者少，败于消磨者多。（清·李塨《颜习斋先生年谱》）

人只一念贪私，便销刚为柔，塞知为昏，变恩为惨，染洁为污，坏了一生人品，故古人以不贪为宝。（清·陈弘谋《从政遗规·言行江纂》）

清正俭约，是居官之良法。（清·陈弘谋《从政遗规·寒松堂集》）

农夫披星戴月，竭全力以养天下之人，世无农夫，人皆饿死，乌可贱视之乎？（清·纪昀《纪文达公遗集》）

凡事一俭，则谋生易足；谋生易足，则与人无争争，亦与人无求。（清·钱泳《履园丛话·俭》）

惟俭可以惜福，惟俭可以养廉。（清·钱泳《履园丛话·安安先生》）

俭则约，约则百善俱兴；侈则肆，肆则百恶俱纵。（清·金缨《格言联璧·持躬》）

日日行，不怕千万里；常常做，不怕千万事。（清·金缨《格言联璧·处事》）

只字必惜，贵之根也。粗米必珍，富之源也。（清·金缨《格言联璧·惠吉》）

勤俭，治家之本。和顺，齐家之本；谨慎，保家之本；诗书，起家之本；忠孝，传家之本。（清·金缨《格言联璧·齐家》）

常思度日艰难，自不得不节费用。（清·金缨《格言联璧·持躬》）

下篇 名 言

勤能补拙,俭以养廉。(清·金缨《格言联璧·从政》)

贪利者害己,纵欲者戕生。(清·金缨《格言联璧·悖凶》)

治家量入为出,干好事则仗义轻财。(清·金缨《格言联璧·惠吉》)

人之心胸,多欲则窄,寡欲则宽。(清·金缨《格言联璧·存养》)

治家忌宽,而尤忌严;居家忌奢,而尤忌啬。(清·金缨《格言联璧·齐家》)

炼心如炼金,百炼而后为真金,百炼而后为真心。(清·金缨《格言联璧·学问》)

利在一身勿谋也,利在天下者谋之;利在一时勿谋也,利在万世者谋之。(清·金缨《格言联璧·从政》)

作践五谷,非有奇祸,必有奇穷。爱惜只字,不但显荣,亦当益寿。(清·金缨《格言联璧·惠吉》)

居处必先精勤,乃能闲暇。凡事务求停妥,然后逍遥。(清·金缨《格言联璧·处事》)

以仁义存心。以勤俭作家。以忍让接物。(清·金缨《格言联璧·接物》)

惟有书味甘,行行堪没齿。(清·袁枚《陶渊明有饮酒二十首,余天性不饮,故作不饮酒二十首》)

看书多撷一部,游山多走几步。倘非广见博闻,总觉光阴虚度。(清·袁枚《随园诗话补遗》卷四)

勤能补拙才偏敏,廉不沽名品益高。(清·袁枚《小仓山房诗文集·舟泊袁浦蒙索亭河帅先来过访赋七律二章奉谢》)

善所当为,羞谈福报。(清·魏裔介《琼琚佩语·修己·座右

编》)

暇逆惰疲,私欲乘之起矣。(清·颜元《颜习斋先生言行录·梦令》)

苦苦苦,不苦如何通今古?(清·曹端《书户》)

读书以熟为贵,作文亦然。(清·梁章钜《退庵论文》)

人之学有难易乎?学之则难亦易矣;不学则易亦难矣。(清·彭端淑《为学一首示子侄》)

自恃其聪与敏而不学者,自败者也。(清·彭端淑《为学一首示子侄》)

治生之道,莫尚乎勤。故邵子云:"一日之计在于晨,一岁之计在于春,一生之计在于勤。"言虽近,而旨则远矣!(清·李文炤《恒斋文集》)

大禹之圣,且惜寸阴;陶侃之贤,且惜分阴,又况圣不若彼者乎?(清·李文炤《恒斋文集》)

爱衣常暖,爱食常饱。(清·史襄哉《中华谚海》)

惟勤能补拙,尚俭可成廉。(清·史襄哉《中华谚海》)

日图三餐,夜图一宿。(清·史襄哉《中华谚海》)

勤俭富贵之本,懒惰贫贱之苗。(清·史襄哉《中华谚海》)

勤俭黄金本。(清·史襄哉《中华谚海》)

富贵因从勤俭起,贫穷只为手头松。(清·史襄哉《中华谚海》)

近水不可多用水,近山不可枉烧柴。(清·史襄哉《中华谚海》)

欲求温饱,勤俭为先。(清·史襄哉《中华谚海》)

读书如树木,不可求骤长,植诸空山中,日来而月往。露叶既畅茂,烟条渐苍莽。此理木不知,木乃遂其养。(清·法式善《读书四首》其二)

下篇 名 言

人多读书则识进,且能自见瑕疵,故终身都无足处。(清·王晫《今世说》卷一)

守着多大的碗儿,吃多大的饭。(清·曹雪芹《红楼梦》第六回)

俭虽美德,然太俭则悭。(清·申涵光《荆园小语》)

务小巧者多大拙,也小利者多大害。(清·申涵光《荆园小语》)

好学则老而不衰,可免好得之患。(清·申涵光《荆园小语》)

能甘澹泊,便有几分真学问。(清·申居郧《西岩赘语》)

朴能镇浮,静能御躁。(清·申居郧《西岩赘语》)

纵欲之乐,忧患随焉。(清·申居郧《西岩赘语》)

"利"之一字,是学问人品一片试金石。(清·申居郧《西岩赘语》)

能省事,自无妄费;无妄费,方可以讲廉。(清·申居郧《西岩赘语》)

浅人好夸富,贪人好哭穷。(清·申居郧《西岩赘语》)

蜗牛升壁,涎不干不止;贪人求利,身不死不休。(清·申居郧《西岩赘语》)

慎能远祸,勤能济贫。(清·申居郧《西岩赘语》)

无故之利,害之所伏也。(清·冯班《钝吟杂录·家戒》)

宁直毋媚,宁介毋通,宁恬毋竟。(清·王豫《蕉窗日记》卷二)

年年防俭,夜夜防贼。(清·西周生《醒世姻缘传》)

大海不禁漏卮。(清·西周生《醒世姻缘传》第九十四回)

人君能俭,则百官化之,庶民化之。(清·唐甄《潜书·富民》)

朴诚易厚物,省约则寡须。(清·吴嘉纪《节俭图》)

去一分奢华便少一分罪过,省一分经营便多一分道义。(清·申涵煜《省心短语》)

汝等常勤精进,譬如水小常流,则能穿石。(清·翟灏《通俗编·地理》)

凡不能俭于己者,必妄取于人。(清·魏禧《日录》)

常将有日思无日,莫待无时想有时。(清·李汝珍《镜花缘》十二回)

黄金若粪土,肝胆硬如铁。(清·石达开《入川题壁》)

习勤忘劳,习逸成惰。(清·李惺《西沤外集·药言剩稿》)

少欲则易足,易足则身心安定。(清·冯班《钝杂录·家戒下》)

善读书者,始乎博,终乎约。(清·汪琬《传是楼记》)

俭则足用,俭则寡求,俭则可以成家,俭则可以立身。(《古今图书集成·家范篇》)

俭以寡营可以立身,俭以善施可以济人。(《古今图书集成·家范篇》)

治家之道,与其失之于宽,不如宁过于严。(《古今图书集成·家范篇》)

早起三朝当一工,常余一勺成千钟。(清·牛树梅《天谷老人小儿语补》)

米千粒,酒一滴;蚕千头,绢一尺。(清·牛树梅《天谷老人小儿语补》)

修练多从苦处来。(清·袁枚《遣兴》)

木屑竹头,皆为有用之物;牛溲马渤,可备药物之资。(清·程允升《幼学琼林·人事》)

每读一书,必至百遍。(清·郑燮《板桥自序》)

不奋苦而求速效,只能得少日浮夸,老来窘隘而已。(清·郑燮《郑板桥集·题画·靳秋田索画》)

富贵足以愚人,而贫贱足以立志而睿慧。(清·郑燮《潍县寄舍弟墨第三书》)

拾穗虽利,不如躬耕;束炬夜驰,不如早行。(清·施闰章《愚山诗集》)

故吾人立品,当自俭始。凡事一俭,则谋生易足,则与人无争,亦与人无求。无求无争,则闭门静坐,读书谈道,品焉得而不高哉!(清·钱咏《履园丛话》)

惟敬可以胜怠,惟勤可以补拙,惟俭可以养廉。(清·汪汲《座右铭类编·政治》)

懈意一生,即为自弃。(清·汪汲《座右铭类编·畏敬》)

心无私欲,自然会刚;心无邪曲,自然会正。(清·汪汲《座右铭类编·存心》)

欲望子弟大成,当先令其习劳。(清·汪辉祖《双节堂庸训》)

俭则无贪淫之累,故能成其廉。(清·石成金《传家宝》三集卷二《群珠》)

身安不如心安,心宽强如屋宽。(清·石成金《传家宝》)

俭有四益:"俭可养德"、"俭可养寿"、"俭可养神"、"俭可养气"(清·石成金《传家宝》二集卷四《留心集》)

勤俭两件,犹夫阴阳表里,缺一不可。勤而不俭,譬如漏卮,虽满积而亦无所存;俭而不勤,譬如石田,虽谨守亦无所获。须知勤必要俭,俭必要勤。(清·石成金《传家宝》初集卷五《知世事》)

凡事省得一分,即受一分之益。(清·张英《聪训斋语》)

俭于居身而裕于待物,薄于取利而谨于盖藏,此处富之道也。(清·张英《聪训斋语》)

自己凡事节俭,若有余钱,便周济贫苦。(清·刘沅《寻常语》)

以俭示后，子孙可法，有益于家；以俭率人，敝俗可挽，有益于国。（清·王师晋《资敬堂家训》）

俭于嗜欲，可以保元育神；俭于言语，可以息是非养精气；俭于饮食，可以养脾胃；俭于思虑，可以一心静志；俭于交游，可以省酬应；俭于忿怒，可以免怨尤。（清·王师晋《资敬堂家训》）

勤俭自持，习劳习苦，可以处乐，可以处约，此君子也。……无论大家小家，士农工商，勤苦俭约，未有不兴，骄奢倦怠，未有不败。（清·曾国藩《挺经·廪实》）

勤字之要但在好问好察。（清·曾国藩《曾国藩全集》日记一）

勤字功夫，第一贵早起，第二贵有恒。（清·曾国藩《曾文正公家训》）

古人书籍，近人著述，浩如烟海，人生目光之所能及者，不过九牛一毛耳。（清·曾国藩《记问录》）

天下百病，生于懒也。（清·曾国藩《曾文正公全集》）

家勤则兴，人勤则俭；能勤能俭，永不贫贱。（清·曾国藩《曾国藩家书》）

勤而不奢，家道恒兴；俭而不奢，居官清廉。（清·曾国藩《曾文正公全集》）

人生莫惧少年贫。（清·曾国藩《曾文正公全集》）

勤则兴，懒则败，一定之理。（清·曾国藩《曾文正公全集·咸丰四年六月初二日致诸弟》）

勤、廉二字看似平浅，实则获上在此，信友在此，服民亦在此，舍此二字，上司即偶然表盼，亦不能久；欲求寅僚之敬佩，百姓之爱戴，即袭取于偶然，亦不可得矣！（清·曾国藩《曾文正公全集》）

居家之道惟崇俭可以长久，处乱世尤以戒侈为要义。（清·曾国

下篇 名言

藩《曾文正公家训》)

勤,不必有过人之精神,竭吾力而已。(清·曾国藩《曾文正公全集》,《杂著》卷四《忠勤》)

总以习劳苦为第一要义,……必宜常常走路,不可坐轿骑马;又常常登山,亦可练习筋骸。(清·曾国藩《曾文正公全集·咸丰五年八月廿七日致诸弟》)

身勤则强,逸则病;家勤则兴,懒则衰;国勤则治,怠则乱,军勤则胜,惰则败。(清·曾国藩《劝戒浅语十六条》)

勤则寿,逸则夭;勤则有材而见用,逸则无能而见弃;勤则博济斯民,而神祇钦仰。(清·曾国藩《曾文正公全集·遗嘱》)

百种弊端,皆由懒生。懒则弛缓,弛缓则治人不严,而趣功不敏。(清·曾国藩《治兵语录》)

大抵勤则难朽,逸则易坏,凡物皆然。勤之道有五。一曰身勤:险远之路,身往验之;艰苦之境,身亲尝之。二曰眼勤:遇一人,必详细察看,接一文,必反复审阅。三曰手勤:易弃之物,随手收拾;易忘之事,随笔记载。四曰口勤:待同僚,则互相规劝;待下属,则再三训导。五曰心勤:精诚所至,金石为开;苦思所积,鬼神亦通。五者皆到,无不尽之职矣。(清·曾国藩《劝戒浅语十六条》)

历览有国有家之兴,皆由克勤克俭所致,其衰也则反是。(清·曾国藩《曾文正公全集·同治五年十二月二十三日谕纪泽》)

由俭入奢,易于下水;由奢反俭,难于登天。(清·曾国藩《曾文正公全集·同治二年十二月十四日谕纪端任》)

欲为先人留遗泽,为后人惜余福,除却勤俭二字,别无他法。(清·曾国藩《曾文正公全集·同治四年八月二十一日谕纪泽纪鸿》)

俭之一字,能定人之恒久。(清·李鸿章《致三弟》)

此生不学,一可惜;此日闲过,二可惜;此身一败,三可惜。(清·魏裔介《琼琚佩语·为学》)

人生世上,寸阴可惜,岂可晷刻偷安耶?(清·朱彝尊《朱翁六十寿序》)

好学而不勤问,非真能好学者也。(清·刘开《孟涂文集·问说》)

御寇易,御物难;破阵易,破诱难。(清·唐甄《潜书·格定》)

无劳苦,安得有安乐?(清·李惺《药言》)

学问之道,其得之不难者,失之必易;惟艰难以得之者,斯能兢业以守之。(清·魏源《默觚·治学》)

常勤精进,譬如水长流,则能穿石。(清·翟灏《通俗编·地理》)

皇天不负苦心人。(清·李宝嘉《文明小史》第三十九回)

旦旦而学之,久而不息焉,迄乎成。(清·彭端淑《为学一首示子侄》)

身之不俭,断不能范家;家之不俭,必至于累身。(清·汪辉祖《佐治药言》)

少欲则易足,易足则身心安乐,此是真受用。(清·冯班《家训》)

须是骨头里挣出来的钱才做得肉。(清·吴敬梓《儒林外史》第二十五回)

当官之法,唯有三事:曰清,曰慎,曰勤。知此三者,则知所以持身矣。(清·陈宏谋《从政遗规·舍人官箴》)

为学虽有聪明之资,必须做迟钝工夫,始得。(清·张伯行《朱

子语类辑略》)

圣人之所以为圣也,只是好学下问。(清·张伯行《朱子语类辑略》卷七)

一丝一粒,我之名节;一厘一毫,民之脂膏。宽一分,民受赐不止一分;取一文,我为不值一文。谁言交际之常,廉耻实伤！倘非不义之财,此物何来！(清·张伯行《禁馈送檄》)

祖宗传说勤克俭,子孙法唯读唯耕。(清·吴敬梓《儒林外史》)

居官其所恃者在廉,其所以能廉者在俭。(清·徐栋、丁日昌《牧令书辑要·治原》)

恪勤在朝夕,怀抱观古今。(清·康有为《联句》)

百倍其功,终必有成。(清·康有为《中庸注》)

熟而生巧,乃尽其妙。(清·康有为《广艺舟双辑》)

百行勤为先,万恶懒为首。(清·梁启超《敬业与乐业》)

填不满欲海,攻不破愁城。(《劝戒全书》)

欲不除,如蛾扑灯,焚身乃止。(《劝诫全书》)

乐不可极,乐极生哀;欲不可纵,纵欲成灾。(《劝戒全书》)

节食以去病,寡欲以延年。(《养生格言》)

祖宗真传克勤克俭;人生正路惟读惟耕。(《对联集锦》)

常思粮米不易;恒念物财难艰。(《对联集锦》)

德为人本;勤是家基。(《对联集锦》)

为官要在勤政;当权本在清廉。(《对联集锦》)

七、近现代名言

治家者,勤苦操作矣,又必节食省衣,量入为出,夫而后仓有余粮之积,门无索逋之呼。至于因浪费而举债贷赀,则其家道苦矣!(严复《严复集·代北洋大臣杨拟筹办海军奏稿》)

若君子,律身固己廉矣,一日当官忧君国之忧,不忧其身家之忧,宁静澹泊,斯名真廉。(林纾《析廉》)

通厂之利,人皆知为地势使然,然开办之初始竭蹶艰维,而上下同心力求撙节,其开办之省亦中外各厂所无。(张謇《实业文钞》卷一)

轻而多取,吾宁寡而俭用。(弘一大师《格言别录》)

清贫,洁白朴素的生活,正是我们革命者能够战胜许多困难的地方!(方志敏《清贫》)

贪污和浪费是极大的犯罪。(毛泽东《我们的经济政策》)

世上无难事,只要肯登攀。(毛泽东《水调歌头·重上井冈山》)

中国是一个大国,但是现在还很穷,要使中国富起来,需要几十年时间。几十年以后也需要执行勤俭的原则。(毛泽东《勤俭办社》)

勤俭办工厂,勤俭办商店,勤俭办一切国营事业和合作事业,勤俭办一切其他事业,什么事情都应当执行勤俭的原则。这就是节约的原则,节约是社会主义经济的基本原则之一。(毛泽东《勤俭办社》)

大公无私,积极努力,克己奉公,埋头苦干的精神,才是可尊敬

的。(毛泽东《中国共产党在民族战争中的地位》)

我们国家的干部是人民的公仆,应该和群众同甘苦,共命运。如果图享受,怕艰苦,甚至走后门,特殊化,那是会引起群众公愤的。(周恩来《反对官僚主义》)

要使我国真正富强起来,需要几十年艰苦奋斗的时间,其中包括执行勤俭节约,反对浪费这样一个勤俭建国的方针。没有勤俭就没有积累,没有积累就没有将来。(周恩来《全面发展,做有社会主义觉悟的有文化的劳动者》)

中华民族有勤劳勇敢的传统,我们党又有艰苦奋斗的革命传统,在开始建设新中国的时候,我们要求全体工作人员保持和发扬这种传统。(周恩来《当前财经形势和新中国经济的几种关系》)

为了将来的幸福,我们不能不暂时忍受一些生活上的困难。勤俭建国、勤俭办企业、勤俭办合作社、勤俭办一切事业,这是我们党建设社会主义的长远方针。(刘少奇《在中国共产党第八次全国代表大会上的政治报告》)

每一个共产党员,都应该以艰苦朴素为荣,以铺张浪费为耻。(刘少奇《在扩大的中央工作会议上的报告》)

勤劳和节俭,是建设社会主义的根本道路。(朱德,引自《中国少年报》,1957年12月30日)

从俭入奢易,从奢入俭难,勤俭建国家,永久是真言。(朱德《勤俭》)

艰苦奋斗是我们的传统,艰苦朴素的教育今后要抓紧,一直抓六十年七十年。我们国家越发展,越要抓艰苦创业。提倡艰苦创业精神,也有助于克服腐败现象。(邓小平《在接见首都戒严部队军以上干部时的讲话》)

汝是无产者,勤俭是吾宗。(陈毅《示儿诗》)

应知学问难,在乎点滴勤。(陈毅《示丹淮,并告吴苏、小鲁、小珊》之二)

攻城不怕坚,攻书莫畏难。科学有险阻,苦战能过关。(叶剑英《攻关》)

逆水行舟用力撑,一篙松劲退千寻,古云"此日足可惜",吾辈更应惜秒阴。(董必武《题赠〈中学生〉》)

节约莫怠慢,积少成千万,一粒米如珠,一菜不许烂。(续范亭《五百字诗》)

不教一日闲过。(齐白石《南瓜题跋》)

对搞科学的人来说,勤奋就是成功之母。(茅以升《全速前进》)

勤能补拙是良训,一分辛苦一分才。(华罗庚《给青少年一封信》)

爱好出勤奋,勤奋出天才。(郭沫若《天才与勤奋》)

天分高的人如果懒惰成性,亦即不自努力以发展他的才能,则其成就也不会很大,有时反会不如天分比他低些的人。(茅盾《茅盾论创作》)

滴自己的汗,吃自己的饭,自己的事自己干。靠人、靠天、靠祖上,不算是好汉。(陶行知《自立歌》)

勤能补拙,勤能损欲,这不是消极的说法,勤的积极意义是要人进德修业,不但不同于草木,也有异于禽兽,成为名副其实的万物生灵。(梁实秋《勤》)

后 记

《中华传统美德丛书》与读者见面了。这套丛书由江苏省炎黄文化研究会与江苏省社会科学院联合编著。

在五千多年的发展中，中华民族形成了优良的道德传统。梳理、弘扬这一份宝贵的精神遗产，对于胡锦涛同志提出的"建设中华民族共有精神家园"，无疑将会产生积极的作用。因此，编著这套丛书的倡议，得到了社会各方面的关注和支持。研究会名誉会长向守志、韩培信、许仲林等老领导，省委常委、宣传部部长杨新力，省政协副主席陈宝田均给予了具体指导；省研究会两任会长张耀华、沙人麟等亲自策划，草拟编写体例；宋林飞院长召集丛书作者研究具体的编写方案和要求，并将丛书列入省社科院2007年工作计划，出任主编；南京大学出版社领导重视这套丛书的出版；省财政厅在经费上给予了支持。正是由于各方面的关注和支持，这套丛书的编著出版工作才得以顺利进行。

全书参照"八荣八耻"的叙述，分为"爱国"、"民本"、"勤俭"、"仁爱"、"慈善"、"诚信"、"修身"、"气节"、"忠孝"、"荣辱"共十卷。每卷分"概论"、"故事"、"名言"上、中、下三篇，集理论性、资料性、可读性于一体。概论部分对该卷的内涵、历史演变和当代意义作较为系统的论述；故事部分用语体文译编经典或转引他人著述；名言部分精选历代名言，均注明出处，便于读者备查。考虑到书稿各卷均有联系，并独自成册，允许在译编故事和引用名言方面存有少量重复或叙述方式的差别。

为提高丛书质量，编委会特邀十位知名专家教授，分别审读各卷书稿。他们是：董健审读"爱国卷",蒋广学审读"民本卷",刘钰审读"勤俭卷",阎韬审读"仁爱卷",薛金鳌审读"慈善卷",卞孝萱审读"诚信卷",顾介康审读"修身卷",陈得芝审读"气节卷",黄玉生审读"忠孝卷",吴镕审读"荣辱卷"。最后由主编、副主编及部分编委集中对丛书进行统稿。

特别让我们高兴的是,江苏省委书记梁保华为本丛书撰写序言,这不仅是对丛书编著者的鼓励,更重要的是表明省委对弘扬中华民族传统美德,建设社会主义精神文明的高度重视和积极倡导。我们希望全社会都来重视对中华传统美德的宣传教育工作,这是长期的、细致的、艰巨的、系统的社会工程,必须常抓不懈。从事精神道德的再教育,大力弘扬既具有传统性、民族性又具有时代特征的中华民族美德,为发展经济、改善民生、构建和谐社会、建设中国特色社会主义服务,这是时代赋予我们的历史使命。

希望这套丛书的出版,对弘扬中华民族的优秀传统美德起到积极作用,对读者有所启迪。

编委会

2008 年 8 月 8 日

图书在版编目(CIP)数据

中华传统美德丛书.勤俭卷/宋林飞主编;杨明辉编著.—南京:南京大学出版社,2008.10(2011.12重印)
ISBN 978-7-305-05601-7

Ⅰ.中… Ⅱ.①宋… ②杨… Ⅲ.①品德教育－中国 Ⅳ.D648

中国版本图书馆CIP数据核字(2008)第163326号

出版者	南京大学出版社	
社　　址	南京市汉口路22号	邮　编 210093
网　　址	http://www.NjupCo.com	
出版人	左　健	
丛书名	中华传统美德丛书	
书　　名	勤俭卷	
编著者	杨明辉	
责任编辑	刘　平	编辑热线 025-83592148
照　　排	南京南琳图文制作有限公司	
印　　刷	南京京新印刷厂	
开　　本	880×1230　1/32　印张7.875　字数197千	
版　　次	2008年10月第1版　2011年12月第17次印刷	
ISBN 978-7-305-05601-7		
定　　价	16.00元	
发行热线	025-83594756	
电子邮箱	Press@NjupCo.com	
	Sales@NjupCo.com(市场部)	

* 版权所有,侵权必究

* 凡购买南大版图书,如有印装质量问题,请与所购图书销售部门联系调换